VERDAD, TRADICIÓN O CIZAÑA (MALA TRADICIÓN)

Creciendo en la Palabra

A 📖 Book ©

Hollisa Alewine, PhD

DEDICACIÓN

A todos mis maestros,
pasados, presentes y futuros.

CONTENIDO

GLOSARIO

Adonai – Mi Señor.

Brit Jadashah – Nuevo Testamento. En Hebreo, literalmente "Pacto Renovado." La palabra Hebrea para nuevo, jadash, también significa renovar tal como se aplica el adjetivo para la Nueva Luna. La luna no es nueva; es la misma luna. Su apariencia es meramente renovada para nosotros cada mes. De la misma manera, Jeremías 31:31 define el término del Nuevo Pacto: La Torah seria escrita en el corazón del pueblo de Dios. No es una nueva Torah, sino la antigua Torah renovada a nosotros en una forma dinámica por la obra de Yeshua, un mejor mediador que Moisés.

Quiasmo – Estructura Quiasmo es una técnica literaria donde una historia es dividida en dos mitades y los temas de la primera mitad de la historia están repetidas en la segunda mitad pero en orden reverso. Además, las dos mitades de la estructura quiasmo "apunta" a la parte más importante de la historia, el axis central. Esto se ilustra a continuación:

A. Daniel 2: Cuatro Imperios Gentiles.
    B. Daniel 3: Persecución Gentil a Israel.
        C. Daniel 4: Providencia Divina sobre los Gentiles.
        C. Daniel 5: Providencia Divina sobre los Gentiles.
    B Daniel 6: Persecución Gentil a Israel.
A Daniel 7: Cuatro Imperios Gentiles.

Elohim – El Nombre Creador de Dios en Génesis Uno.

Erev Shabbat – la tarde del Shabbat que empieza a la caída del sol el día Viernes.

Dilema Falso – simplificación excesiva que ofrece un limitado número de opciones (generalmente dos) cuando en realidad hay más opciones disponibles. Un dilema falso surge cuando se pone una trampa para convencer a alguien que hay dos y solo dos opciones mutuamente excluyentes, cuando eso es falso. Generalmente una de las opciones no es aceptada y repelada, mientras que la otra es la que el manipulador quiere que escojamos. Ejemplo: ¿Eres Republicano o Demócrata? ¿Apruebas tú los incrementos en los impuestos, o eres tacaño?

Halaja – Ley Judía y jurisprudencia, basada en el Talmud. Describe como Israel debe caminar y vivir los mandamientos, porque la palabra es formada del verbo Hebreo *halaj,* caminar.

Hermenéutica – Métodos de Interpretación Bíblica aplicadas a ciertas reglas aceptadas de interpretación.

Kal v'jomer – el principio que se utiliza para hacer un argumento de menor peso, basado en uno de mayor peso. Un argumento **Kal Vajomer** a menudo esta expresado por una frase como **"¿cuánto más...?"** como cuando Yeshua le dijo a sus discípulos: Considerad los cuervos, que ni siembran ni siegan; no tienen bodega ni granero, y sin embargo, Dios los alimenta; ¡cuánto más valéis vosotros que las aves!

Falacia Lógica – falacia lógica es un error de razonamiento. Cuando alguien adopta una posición, o trata de persuadir a alguien más de adoptar una posición basada en una mala pieza de razonamiento, es una manipulación de pensamiento.

Menorah – lámpara, específicamente la lámpara de oro de siete brazos que se encontraba en el Lugar Santo del Tabernáculo y el Templo.

Metáfora – una cosa considerada como símbolo o representación de algo más, específicamente algo abstracto.

Minjag – una tradición aceptada o grupo de tradiciones en el Judaísmo observada por una comunidad y única para esa comunidad.

Mishnah – la ley oral tradicional Judía que se cree fue pasada desde Moisés. Yeshua algunas veces la aceptaba y otras veces la desautorizo. Su método para aceptar la validez de la ley oral era juzgando si ella anulaba el mandamiento escrito en favor de la tradición de hombre.

Mitzvah – un mandamiento o una buena obra.

Moed(im) – se refieren a las estaciones y las fiestas señaladas de Israel: Pascua, Panes sin Levadura, Primicias de la Cebada, Primicias del Trigo (Pentecostés), Trompetas, Día de Expiación y Tabernáculos.

Muktzah – algo prohibido de ser cargado en el Shabbat porque representa las actividades de trabajo de la semana.

Nefesh – manojo de apetitos, deseos, emoción e intelecto.

Rebbe / Rabbi – un líder espiritual judío o un maestro.

Ruaj HaKodesh – Espíritu Santo o Viento Santo.

Talmud – el cuerpo más grande de la ley judía y comentarios que contiene la Mishnah, Gemara y la Tosefta.

TANAK – Antiguo Testamento. Es un acrónimo para Torah, Neviim y Ketuvim, es decir Ley, Profetas y Escritos, la división antigua de las Escrituras Hebreas. Los libros de la Tanak son los mismos de las Biblias

Cristianas solo que en diferente orden.

Takkanah/takkanot – directivas promulgadas por los Eruditos Judíos que tienen la fuerza de ley. La autoridad para promulgar takkanot se deriva de Deuteronomio 17:11.

Torah – los primeros cinco libros de la Biblia, mal entendida como "Ley" en las traducciones. La Torah es con más precisión enseñanzas e instrucciones de Dios. Contiene temas como ciencia, historia, procedimientos sacerdotales, estatutos civiles, ordenanzas, salud, agricultura, mandamientos, profecías, oraciones, ganadería, arquitectura, derechos cívicos y muchos otros. La raíz de la palabra hebrea Torah viene de la palabra hebrea *yarah*, que significa "dar en el blanco." Torah también es usada para referirse a toda la Biblia Hebrea, hasta el significado más pequeño, un procedimiento. Torah es usada por los Judíos Mesiánicos para referirse a toda la Biblia, de Génesis a Apocalipsis, porque la Torah es la fundación de toda la Escritura. Los profetas hacían regresar a Israel a la Torah. Los Salmos nos enseñan a amar la Torah, de la manera que el Rey David la amo. Los Escritos nos enseñan las consecuencias de abandonar la Torah y las recompensas de regresar a ella. El Nuevo Testamento trae a la Torah a su completo significado en la persona de Yeshua el Mesías y mucho del Nuevo Testamento cita a la Tanak.

Tzedakah – generalmente traducida como "justicia" en el Español. Tzedakah tiene un significado más amplio tanto en la Biblia como en la Tradición Judía. También incluye la parte de nuestro ingreso que debe de ser dado a los pobres. En el Judaísmo, justicia y derecho no pueden ser separados de caridad en su significado.

Yeshua – el nombre Hebreo de Jesús, que significa salvación.

PREFACIO

CIZAÑA

La Cizaña en los tiempos Bíblicos se pensaba que era una planta que se asemeja a un tallo de trigo o cebada. Cuando el trigo madura la cabeza del tallo se inclina, mientras que la cizaña no, manteniendo su cabeza derecha y hacia arriba. En la cosecha la cizaña puede ser separada sin tener que arrancar el trigo juntamente con la cizaña que creció.

TRIGO

El trigo fue cultivado por primera vez en el antiguo Oriente Medio, y es un indicador vital del bienestar de la nación. Su importancia esta enfatizada cuando el juicio de la hambruna es descrita como rompiendo la "vara de pan": Cuando envíe contra ellos las saetas mortíferas del hambre para destrucción, las cuales enviaré para destruiros, entonces también aumentaré el hambre sobre vosotros y quebrare el báculo de pan.[1] El símbolo del pan vital como 1. Ezequiel 16:5

báculo, significa autoridad, duración, y control. El trigo y la cebada eran críticos para la economía antigua. Por lo tanto, el cultivo de trigo era el producto alimenticio para la sobrevivencia de la nación y su falta era considerada un juicio Divino.

Los lectores del Nuevo Testamento pueden encontrar su trato a la tradición de una forma confusa. Muchas de las costumbres en los pasajes son Judías, por lo tanto extrañas a los creyentes no-Judíos. Yeshua (Jesús) algunas veces corrigió estas costumbres religiosas observantes, sin embargo otras veces él dijo que debían ser observadas. Pablo hace lo mismo en sus cartas, y dos veces el instruye a los creyentes no-Judíos de guardar las costumbres Judías que él les paso a ellos.

Dentro de los creyentes en Yeshua hoy en día, algunos disfrutan haber incorporado la tradición en su alabanza. Otros han desechado todas las costumbres por considerarlas "hechas por el hombre," por lo tanto completamente extrañas para ellos o peor vistas como el pecado de "añadir" a la Palabra escrita. Hay una forma de determinar

la relación entre la Palabra y la tradición, porque la Palabra no nos dejara sin alivio en tal pregunta tan importante. Nuestro Padre quiere que Sus hijos crezcan en sabiduría, madurez y favor delante de El al igual que dentro de sus comunidades.

Los métodos usados por los profetas del Antiguo Testamento (TANAK) como también los escritores del Nuevo Testamento (Brit HaJadashah) dejaron pautas para dividir la Semilla de verdad de la tradición, para luego separar una tradición que creció de la verdad de la que creció de una diferente semilla.

La más importante reflexión en el Antiguo Testamento y las instrucciones de Yeshua y los apóstoles es el corazón sincero que guarda la justicia, misericordia y fidelidad como las cosas más importantes de una costumbre religiosa. Evaluando las tradiciones que uno escoge observar o no observar, la persona puede evitar lamentarse:

> ¡Oh Señor, fuerza mía y fortaleza mía,
> refugio mío en el día de angustia!
> A ti vendrán las naciones desde los
> términos de la tierra y dirán: Nuestros
> padres heredaron sólo mentira,
> vanidad y cosas sin provecho.[2]

Aplicando las instrucciones en la Palabra, cada creyente es alentado en su crecimiento. Las pruebas de cómo cada uno practica su propio caminar en la Palabra se pueden purgar a través de estos pasos fáciles:

1. ¿Es la Semilla de Verdad? Su Palabra es Verdad. [3]

2. ¿Es Tradición? ¿De qué semilla creció la tradición?

3. ¿Quién es glorificado a través de la tradición? ¿Cuál es la condición de la tierra donde creció la tradición?

2. Jeremías 16:19

3. Juan 17:17

Un examen cuidadoso de las instrucciones de Yeshua levanta un viso que frecuentemente es pasado por alto en discusiones sobre la verdad o la tradición. El primer paso es identificar si esa tradición es una cizaña (mala tradición). Botar toda la tradición en un contenedor mental de basura por etiquetarla como Tradición de Hombre, es posible que uno este botando buenas plantas y frutos en el contenedor de cizaña. Esto es una falacia lógica llamada "simplificar demasiado."

Las parábolas de Yeshua alientan a sus discípulos a aprender habilidades de pensamiento crítico para que ese crecimiento en la Palabra sea vida abundante.

Cuando un discípulo de Yeshua examina su caminar en la Palabra, habrá tiempos en que él o ella siente que no hay mucho crecimiento. El mismo hecho de que cuestionemos nuestro crecimiento es una señal de una disponibilidad para crecer. El próximo paso es permitir que el Espíritu Santo (Ruaj HaKodesh) nos enseñe como dar buenos frutos. Para hacer esto, cada discípulo puede identificar creencias y practicas ya sea que estimulan un crecimiento sano en la Palabra o lo atrofian. ¡Bienvenido al campo viviente del Jardín del Padre!

1

TRADICION O CIZAÑA

4. Y reposará sobre El, el Espíritu del SEÑOR, espíritu de sabiduría y d inteligencia, espíritu de consejo y de poder, espíritu de conocimiento y de temor del SEÑOR. (Isaías 11:2).

5. Los Moedim son las Fiestas listadas en la Torah: Pascua, Panes sin Levadura, Primicias de la Cebada, Fiesta de las Semanas, Fiesta de las Trompetas, Día de Expiación y Tabernáculos. Ver El Evangelio de la Creación de la Autora para una completa explicación de los paralelismos entre las Fiestas y las Siete Iglesias del Libro de Apocalipsis.

6. para una explicación completa de lo que es la Torah, ver el libro BEKY, Que es la Torah de la Autora.

La Menorah (lámpara) de siete brazos figura prominentemente en las Escrituras. De acuerdo al Libro de Apocalipsis, esta lámpara representa los Siete Espíritus de Dios[4] como también las siete asambleas santas o moedim,[5] que corresponden a cada espíritu (ver el Apéndice A). La fundación son los siete días de la Creación, los siete días donde el Evangelio fue hablado, escrito y contado en los reinos del cielo y la tierra. En Apocalipsis, Yeshua (Jesús) provee el contexto al lector; él se refiere a si mismo con el "Alfa y el Omega, el Principio y el Fin."

La pista para el lector es que el mensaje de Yeshua abarca desde el primer verso de Génesis "En el principio..." hasta el último verso en Apocalipsis, "La gracia del Señor Jesús sea con todos. Amén." Enseñar desde el principio hasta el presente como también el futuro profético fue el patrón de enseñanza de Yeshua tanto a sus discípulos como a los desafiadores religiosos. El comenzó al principio con la Ley (Torah)[6] y continuo hacia adelante. Como ejemplo:

- Y comenzando por Moisés
  y continuando con todos los profetas,
  les explicó lo referente a Él en todas las

15

Escrituras.[7]
- Y Él le dijo: ¿Qué está escrito en la ley? ¿Qué lees en ella?[8]
- Y les dijo: Esto es lo que yo os decía cuando todavía estaba con vosotros: que era necesario que se cumpliera todo lo que sobre mí está escrito en la Ley de Moisés, en los Profetas y en los Salmos.[9]
- Y respondiendo Él, les dijo: ¿Qué os mandó Moisés?[10]

Yeshua estaba resuelto a entablar discusiones doctrinales en un nivel fundacional. Este nivel es llamado "Moisés" o "Ley" en las traducciones al español en el Nuevo Testamento, y en el Judaísmo es "Torah."El principio de las Escrituras describe las sombras del Mesías, sin embargo, a través de la historia, la humanidad tristemente no le ha dado en el blanco a esas sombras.

7. Lucas 24:27

8. Lucas 10:26

9. Lucas 24:44

10. Marcos 10:3

11. Juan 5:39-40

12. Una falacia lógica es un error de razonamiento. Cuando alguien adopta una posición, o trata de persuadir a otros de adoptar una posición basada en una mala pieza de razonamiento, es una manipulación de pensamiento.

Examináis las Escrituras porque vosotros pensáis que en ellas tenéis vida eterna; y ellas son las que dan testimonio de mí y no queréis venir a mí para que tengáis vida.[11]

El Libro de Proverbios está lleno de garantías de que las Escrituras son árbol de vida para aquellos que se toman de él, sin embargo Yeshua, como también los profetas del Antiguo Testamento le recuerdan a Israel de que es posible leer o usar las Escrituras para beneficio propio, distorsionando el propósito de la luz y vida en las sombras de la venida del Mesías.

¿Alguna vez oíste que la Torah ofrece solamente "sombras," pero la realidad está en el Mesías? Por esto muchos se justifican el no estudiar la Torah como Palabras de Vida, disminuyendo su valor profético. Son solo sombras. Esto es:

Texto de prueba defectuoso, y una falacia lógica.[12]

En la presentación de estos dos conceptos, algunas veces los traductores pueden volver una frase de la comparación de dos ideas en una adversa, que es la falacia lógica llamada falso dilema.[13]

Imagínense teniendo leyes de tránsito o seguro de carro opuesto a tener leyes de tránsito y seguro de carro. Estas protecciones no son adversas, sino trabajan juntas para asegurar pérdida y protección en un mundo ocupado con conductores distraídos. Valoramos uno y el otro, no uno o el otro.

Un ejemplo de las Escrituras es Juan 1:17. En algunas traducciones, dice que la Torah vino a través de Moisés, PERO gracia y verdad vinieron a través del Mesías, y los dos conceptos parecen en desacuerdo; sin embargo, si mejor traducimos literalmente los dos hechos sin la añadidura del traductor de la conjunción "pero," traduciendo el griego más exactamente, mejora la precisión del mensaje: "La Torah vino a través de Moisés; gracia y verdad fue completada y formada (desde el principio) a través del Mesías."

La relación complementaria entre Moisés y Yeshua, Torah y Gracia es más fácil de percibir.[14] La Torah vino a través de Moisés como una sombra profética de la gracia y verdad que es vista en el Mesías encarnado. La Torah sombreaba gracia y verdad; no fue dada como algo para distraer la atención de la realidad, sino de enseñar acerca de la realidad. La Torah no fue una desviación de la gracia y verdad, sino una sombra precisa que la delineo.

En una clase, uno aprende las instrucciones de los libros de texto. Una vez que los estudiantes dominan los preceptos fundacionales, entonces la clase puede pasar a las aplicaciones prácticas de lo aprendido. Los dos métodos de enseñanza no son adversos, sino complementarios. El libro de texto enseña sombras pero la realidad de la habilidad futura del estudiante está en ya sea la instalación

13. Ver *Controversias Colosales* del Dr. Robin Gould para una explicación de las sombras como profecía.

14. Venir a existencia, ser formado, venir a existir a través de él, Juan 1:3: antes que Abraham viniera a existir, yo existí, Juan 8:58. Ver el Lexicon Griego-Ingles del Nuevo Testamento basado en Orígenes Semánticos #13.80

de una nueva trasmisión o realizando una cirugía. Si queremos entender la labor fundamental del Mesías, El Ungido, El Renuevo Justo, la Lámpara de Israel, es sabiendo que la sombra conoce, es la debida diligencia del discipulado. Yo estoy segura que aquellos que necesitan una operación al cerebro están esperanzados en que el cirujano haya practicado bastante la cirugía, pero también ellos esperan que él o ella ¡hayan empezado en los libros de texto no con el bisturí!

Dos hombres son mencionados como imágenes de sombra del Mesías en el Libro de Zacarías Josué y Zorobabel. Ellos son sombras de la Rama Justa, y la profecía está asociada a sus roles:

> Porque he aquí la piedra que
> he puesto delante de Josué,
> sobre esta única piedra hay siete
> ojos. He aquí, yo grabaré una
> inscripción en ella" —Declara
> el SEÑOR de los ejércitos— "y quitaré
> la iniquidad de esta tierra en un solo
> día."
> Zacarías 3:9

Lo que ellos sabían sobre los siete ojos del Espíritu Santo cualquier discípulo lo puede saber. Si un discípulo sabe los tiempos señalados en la vida de Yeshua, entonces él o ella escuchara y entenderá la Palabra; la sombra es la prueba de la luz.

El Ojo te Ve

El Salmo 97:11 presenta una vista interesante de la luz:

> Luz se ha sembrado para el justo, y
> alegría para los rectos de corazón.

El Salmista dibuja un paralelo entre la Luz de la

Palabra y la luz separada de la oscuridad del Primer Día de la Creación y las plantas que brotan del Tercer Día. La luz fue "sembrada" en el Primer Día y "creció" en el Tercer Día. La Torah misma es Luz, y el mandamiento Lámpara (Salmo 6:23; 119:105). Si la Luz de la Torah es sembrada "como una semilla," entonces está sembrada en la oscuridad y surge de la oscuridad en una vasija física, "la lámpara." En la Creación, los árboles brotaron de la oscuridad de la tierra el Día Tercero, otra pista a las lámparas de los hombres, ya que los árboles frecuentemente son usados como metáforas de los seres humanos en las Escrituras, tal como árboles de justicia.

De la misma forma, es posible ver a toda la Torah como Luz siendo sembrada en la Tierra, y es la responsabilidad de Israel de encargarse de las siete Luces en las vasijas de sus cuerpos ya que cada uno tiene un servicio o llamado único. Esas siete lámparas sin embargo son una lámpara, ya que en las instrucciones del Tabernáculo, Aarón tenía que asegurarse que la lámpara emitiera la luz hacia la "cara." Esto causaba que la luz apareciera como una iluminación, no lámparas dirigidas en siete direcciones diferentes. Es la "cara" iluminadora de Adonai que es la bendición de gracia del sacerdocio Levítico.

En Hebreo, la palabra para ojo es *ayin*, que también significa fuente de agua.

> *Miré, y vi entre el trono (con los cuatro seres vivientes) y los ancianos, a un Cordero, de pie como inmolado, que tenía siete cuernos y siete ojos, que son los siete Espíritus de Dios enviados por toda la tierra*[15]

Los siete "ojos" de Luz son semillas de la Torah sembradas para el justo. Moisés tuvo una conversación directa con Adonai y la visión del

15. Apocalipsis 5:6

Tabernáculo, por lo que a pesar de que el dirigió la hechura de las sombras, Moisés vio la realidad, que lo ilumino tanto que tuvo que cubrirse su cara con un velo. La remoción de este velo, dice 2 Corintios 3:14, puede ser igualado a ver a Yeshua como el Mesías, una encarnación de la sombra del texto de la Torah. La sombra es producida por un objeto físico parada entre la tierra y la fuente directa de la luz.

En las instrucciones de Moisés, una réplica perfecta estaba entre la Luz del Ángel de la Presencia y la tierra, proyectando la sombra que nosotros conocemos como el servicio del Tabernáculo. Hasta que hombres malvados empezaron a distorsionar la réplica física de la gracia y verdad. El Tabernáculo es el libro de texto perfecto de sombra de preparación para ver al Mesías en la práctica personal. El reto de cada discípulo es de leer la Torah y tratar de conciliar el texto de sombra con la realidad de la encarnación de Yeshua.

Los discípulos que separan las Semillas y frutas de la gracia y verdad de la Torah de la cizaña de distorsión encuentran que la tradición y la mala interpretación están en lugar del texto. Estos errores reflejan una sombra imperfecta, como la cizaña que al principio parece trigo, pero al madurar,[16] no inclinara la cabeza del grano como el tallo del trigo autentico. Si la Torah es la Semilla, no obstante, es muy fácil de ver como esas sombras imperfectas son formadas. Algo tiene que crecer de aquella semilla, o no habrá nada para ver. Luz sembrada es diferente que luz crecida, sin embargo es lo mismo, porque crece de la auténtica Semilla de la Palabra!

Yeshua son los dos, la Semilla autentica como también el Renuevo. Él es la Luz sembrada de la Torah y la Luz que crece de la Lámpara que ilumina el mundo entero. De la misma forma, los discípulos de Yeshua deben crecer luz de la Semilla de la Palabra e iluminar el mundo también.[17]

16. En las parábolas de Yeshua y otros pasajes en las Escrituras, el tiempo de la cosecha es frecuentemente una metáfora del el día del juicio.

17. Mateo 5:14; Juan 8:12; 9:5

Los Levitas podían escuchar o leer las instrucciones

de Moisés, pero los detalles de practica tendrían que crecer de las Semillas que Moisés planto para poder reflejar con precisión la Luz del Mesías, incluyendo gracia y verdad. En su ministerio, Yeshua pasó mucho tiempo aclarando como separar un verdadero fruto de la Semilla de la Torah de un fruto venenoso crecido de la semilla de la serpiente. De hecho, la serpiente puede tomar un principio de la Semilla de la Torah, torcerlo para servir su propio propósito y distorsionar la figura con una sombra engañosa. Los mandamientos de la semilla de la serpiente tienen un aspecto de la Semilla de la Torah, pero crece cizaña que solo parece haber crecido de la Torah hasta el tiempo de la siega.

Por ejemplo, la serpiente engaño a Eva citando algunos aspectos de un mandamiento que Elohim le dio a ella para que creciera en santidad, viviera de acuerdo a la imagen de Elohim[18] que la creo a ella. Cuando la serpiente ofreció una fruta que aparentaba cumplir los criterios de ser "sabio como Dios," ella y Adam cayeron en la trampa. Un pequeño pedazo de verdad es incorporado en un mandamiento falsificado por la serpiente, y con esta mezcla, la cizaña pareció ser una acción crecida de la Semilla de la Palabra. De la misma forma que la serpiente se disfrazó a sí mismo como un ser hablante y caminante como el hombre, así también su semilla se presentara con la apariencia de justica, frecuentemente citando la Palabra para engañar.

A pesar de que Adam no fue engañado,[19] el participo en el pecado; los seres humanos son susceptibles a los dos, pecado voluntario como también confundir una mala tradición (cizaña) con una tradición crecida de la real Semilla de la Palabra. Pablo escribe:

> *Y en un tiempo yo vivía sin la ley,*
> *pero al venir el mandamiento, el*
> *pecado revivió, y yo morí; y este*

18. El Nombre del Creador usado en Génesis 1.

19. Y Adán no fue el engañado, sino que la mujer, siendo engañada completamente, cayó en transgresión. 1 Timoteo 2:14

mandamiento, que era para vida, a mí me resultó para muerte; porque el pecado, aprovechándose del mandamiento, me engañó, y por medio de él me mató. Así que la ley es santa, y el mandamiento es santo, justo y bueno. ¿Entonces lo que es bueno vino a ser causa de muerte para mí? ¡De ningún modo! Al contrario, fue el pecado, a fin de mostrarse que epecado al producir mi muerte por medio de lo que es bueno, para que por medio del mandamiento el pecado llegue a ser en extremo pecaminoso. [20]

A pesar de que otros Libros BEKY abordan un mejor contexto de la carta a los Romanos,[21] es importante recalcar en el contexto de los mandamientos que estos pueden ser usados para un propósito opuesto al que fue pretendido por El Creador. Aquellos que simplemente ignoran o No conocen los mandamientos de Dios no son el objetivo de las enseñanzas de Pablo; pero si lo son los que SI conocen y mal usan los mandamientos de la Torah para crear pecado de algo designado a ser santo.

20. Romanos 7:9-13

En pocas palabras el mensaje de Pablo es:

21. Para un completo análisis de la comparación entre "los dos hombres" viviendo dentro de él luchando contra la Ley, ver El Libro Número Cuatro del Evangelio de la Creación: La Ramera Escarlata y el Cordón Rojo.

> **El mandamiento bueno, santo y justo puede ser usado por un hombre pecador para engañar y hacer pecar a una persona en vez de obedecer!**

¿Cómo puede ser esto? La Escritura documenta las interminables estratagemas que la humanidad inventa para esquivar el Ojo Espiritual de la Torah, como:

- Usando un mandamiento para aparentar ser justos ante otros.
- Usando un mandamiento para ordenar el respeto de otros.
- Usando un mandamiento para compararse favorablemente con otros.
- Usando un mandamiento solamente para cumplir la letra sin considerar la esencia espiritual que es dar luz y ayuda a otros.
- Dándole más peso a la tradición, la cual es un vehículo para obedecer el mandamiento, por lo que se convierte más importante que el mandamiento mismo.
- Reemplazando el mandamiento real con una tradición que solo se parece a la real Semilla de la Palabra, pero en realidad ha crecido de una cizaña disfrazada de trigo; en realidad infringe un mandamiento Semilla.

Algunos de los abusos surgen cuando una cizaña es sustituida por la Semilla de la Palabra, y otras surgen cuando la tierra del corazón del hombre es rocosa. Es por eso que el Nuevo Pacto en Jeremías 31 y Ezequiel 11:19 y 36:26 es un Espíritu Santo que transforma un corazón de carne, no una nueva Semilla Ley. La tierra era rocosa, no la Semilla porque la Ley (Torah) del Señor es perfecta![22]

Por cuanto Eva añadió un "cerco" alrededor del mandamiento de no **comer** la fruta diciendo que ellos no debían **tocar** la fruta, algunos usan esto como un texto que prueba que añadir una ley como barrera para evitar que alguien quebrante la Palabra real es lo que lleva a quebrantar los dos; sin embargo si Eva hubiera obedecido su propio "cerco rabínico," de hecho habría impedido que

22. La ley del SEÑOR es perfecta, que restaura el alma; el testimonio del SEÑOR es seguro, que hace sabio al sencillo. Salmo 19:7

ella comiera el fruto. Su corazón se volvió rocoso por lo que sus ojos vieron.

El capítulo Siete de Romanos define el mandamiento como algo que revela el pecado que hay en el corazón. Un corazón dispuesto a transgredir romperá todas las barreras puestas para prevenirlo, ya sea por decepción o por decisión propia. Si una persona conduce sobre el asfalto fresco, no es porque esa persona fue atraída por la barrera de la construcción con luces que se prenden y apagan y por el hombre con la bandera y el chaleco anaranjado fluorescente. Esa persona ignoro las advertencias o dispuso su corazón para tomar un atajo a través del asfalto fresco.

Cosas como la prácticas (halaja), rituales, o costumbres (minjag) en las Escrituras tienen que crecer de la Semilla de la Torah, porque nos dice *que* hacer, pero no nos dice *cómo* hacer todo lo que nos manda. Por otro lado, es muy claro cómo hacer los mandamientos…. Es simplemente dando luz al igual que la lámpara da luz. La luz nunca toma; siempre da y sirve al hombre en la tierra. Algo que toma la luz es un agujero negro, y esa ¡no es la forma de tratar la Luz Viviente y Vida de la Palabra del Padre!

Mientras que Israel aumento en orden sus tradiciones, costumbres, prácticas (takkanot o halaja), y rituales, la meta era que esas cosas fueran una lámpara observable: un hombre-planta creciendo buenos frutos de la Semilla de la Torah para servir a la humanidad y glorificar a Adonai. Este fue el declarado propósito del Padre de Su Torah, impartir vida y luz:

> *Mas vosotros, que permanecisteis fieles al Señor vuestro Dios, todos estáis **vivos** hoy. Mirad, yo os he enseñado estatutos y decretos tal como el Señor mi Dios me ordenó,*

*para que los cumpláis en medio de la tierra en que vais a entrar para poseerla. Así que guardadlos y ponedlos por obra, porque esta será vuestra sabiduría y vuestra inteligencia **ante los ojos de los pueblos** que al escuchar todos estos estatutos, dirán: "Ciertamente esta gran nación es un pueblo sabio e inteligente."*

Porque, ¿Qué nación grande hay que tenga un dios tan cerca de ella como está el Señor nuestro Dios siempre que le invocamos? ¿O qué nación grande hay que tenga estatutos y decretos tan justos como toda esta ley que hoy pongo delante de vosotros[23]?

El capítulo Ocho de Números insta orden en el encendido de la Menorah, la lámpara santa del Tabernáculo, y el orden se extiende a la purificación de los Levitas y al movimiento del campamento de Israel en el desierto. La meta del orden en las costumbres y prácticas dentro del Campamento era para que la Luz brillara su luz más brillante para que hiciera crecer buen fruto. El Apóstol Pablo recuerda la reunión de los creyentes *"Pero que todo se haga decentemente y con orden."*[24] En contexto, sus instrucciones se refieren a como la alabanza y el estudio de las Escrituras deben realizarse en los servicios; Pablo estableció costumbres locales a seguir para los Corintios mientras ellos cumplían la Palabra en la práctica. Estableciendo un orden de servicio habitual, Pablo estimula la unidad. Esto es beneficioso, porque hasta los creyentes en Yeshua pueden convertir sus reuniones en discusiones sin fin de observancia que obstruyen el propósito por el cual se reunieron para alabar.

En otro contexto, después de una larga discusión de

23. Deuteronomio 4:4-8

24. 1 Corintios 14:40

los aspectos más esotéricos de la cobertura de la cabeza y el largo del cabello, Pablo le escribe a los Corintios, *"Pero si alguno parece ser contencioso, nosotros no tenemos tal costumbre, ni la tienen las iglesias de Dios."*[25] Pablo se identifica a sí mismo como "nosotros," probablemente Judíos y Judíos creyentes, que habían desarrollado la costumbre de que el hombre llevara el cabello más corto que la mujer, por lo tanto los hombres no tenían que usar una cobertura en la cabeza que caía como el velo de mujer. De la misma forma, las mujeres habitualmente cubrían sus cabezas cuando oraban y profetizaban en público. Pablo reconoce de que tales prácticas son costumbres, no la Semilla de la Palabra, pero algunas investigaciones fácilmente muestran la Semilla procedente de esa costumbre: la cobertura de la cabeza es una señal tanto de posición y respeto en la Torah,[26] y travestismo para aparecer como el otro sexo es prohibido.

En la manera de pensar de Pablo, esto traería orden a los ruidosos y antes lascivos Corintios, el instituir la costumbre Judía de vestimenta en la adoración congregacional. En vez de atraer la atención a la apariencia individual, su adoración glorificaría Al Santo. El día de hoy las costumbres varían en como las congregaciones mantienen su orden de la Semilla de la Palabra. Mientras que esas costumbres estén dirigidas a glorificar al Padre con modestia, es bueno respetar la costumbre local, el cual es un principio llamado *minjag*.

Para poder dar buen fruto, el *Ruaj HaKodesh* (Espíritu Santo) debe de ser parte del proceso de crecimiento que esta simbolizado con la Menorah en el orden del servicio del Tabernáculo. El Espíritu es como la energía invisible que hace crecer a la planta. En los Salmos, Profetas y el *Brit HaJadashah* (Nuevo Testamento), la Semilla de las palabras de la Torah ayudaron a los profetas del Antiguo Testamento y a los discípulos de Yeshua a establecer patrones que definen tanto a los buenos y malos árboles que

25. 1 Corintios 11:16

26. A los sacerdotes era obligatorio cubrirse la cabeza, sin embargo a un leproso se le obligaba a remover su cobertura. Rebeca se cubrió con un velo cuando vio a Isaac; solo los hombres Nazareos se dejaban crecer el cabello, el cual es una anomalía para hombres, y a los sacerdotes se les requería contarse el cabello. estos son algunos ejemplos, pero hay otras Semillas de pensamiento que pueden aplicar.

crecen de la Semilla, que es el Mesías, la Palabra Viva. Un árbol-hombre bueno produce buen fruto; un árbol-hombre malo produce un fruto inmaduro, amargo o fruto falso, como la higuera falsa de Zaqueo.[27]

El reto de apreciar más allá de la sombra visible de la verdad es determinar la verdadera Semilla de la Palabra, una tradición crecida de esa semilla o una mala tradición que es cizaña. Las parábolas de Yeshua serán la guía:

> *Jesús les refirió otra parábola, diciendo: El reino de los cielos puede compararse a un hombre que sembró buena semilla en su campo. Pero mientras los hombres dormían, vino su enemigo y sembró cizaña entre el trigo, y se fue. Cuando el trigo brotó y produjo grano, entonces apareció también la cizaña. Y los siervos del dueño fueron y le dijeron: Señor, ¿no sembraste Buena semilla en tu campo? ¿Cómo, pues, tiene cizaña? Él les dijo: Un enemigo ha hecho esto. Y los siervos le dijeron: ¿Quieres, pues, que vayamos y la recojamos? Pero él dijo: No, no sea que al recoger la cizaña, arranquéis el trigo junto con ella. Dejad que ambos crezcan juntos hasta la siega; y al tiempo de la siega diré a los segadores: Recoged primero la cizaña y atadla en manojos para quemarla, pero el trigo recogedlo en mi granero.[28]*

27. Lucas 19:4

2

COMO UNA TRADICION O CIZAÑA

La Torah tiene muchos mandamientos Semillas, pero en muchos casos, son breves y desprovistos de detalles. Estos detalles quedaron para que la comunidad de creyentes trabaje en ellos. De hecho, trabajando en los detalles nos puede ayudar a crecer en la Palabra, cuando uno investiga, ora, medita y busca consejo sabio.

Los Judíos han guardado los mandamientos por miles de años y ellos son gente conocida como "¡Tradición, tradición!" como la canción del *Violinista en el Tejado*. Por cuanto el pueblo Judío es un grupo étnico, formado a través de la obediencia misma de la Torah, ellos tienen métodos antiguos, numerosos y exactos de como guardar los mandamientos. S. Creeger hace un excelente trabajo explicando como las fuentes Judías de la tradición oral surgieron en *Introducción a las Fuentes Judías*.

Una tradición Judía es encender dos velas en *Erev Shabbat* para recibir el Shabbat. Sin embargo en ningún lugar de la Torah no se le ordena a nadie a encender dos luces en Shabbat. ¿Por qué fue instituida la tradición de encender velas o lámparas de aceite?

Contrario a lo que cualquiera puede pensar, hadlakat nerot (encender velas en Shabbat) no es una mitzvah de la Torah. Antes de la invención de la electricidad la fuente de luz en las casas venia de una vela o de una lámpara de aceite. Sin embargo, el Viernes por la noche por cuanto Bíblicamente es prohibido crear luz en Shabbat, muchos Judíos se quedaban en la oscuridad... Los rabinos buscando una solución, crearon una takkanah, decretando que cada casa encendiera dos velas antes de la caída del sol cada viernes por la tarde. (Angel, 2000)

Históricamente esto es muy fácil de entender. Por cuanto Israel tenía prohibido el encender fuego en Shabbat[29] era muy práctico de encender las lámparas cada Viernes a la caída del sol para que los Israelitas tuvieran luz en sus hogares. Si las lámparas están encendidas, entonces nadie se tiene que caer con manos llenas de platos, lo cual ciertamente estropearía la paz del Shabbat!

¿Por qué, sin embargo, en algunas costumbres Judías se enciende dos velas? La semilla de Luz sobre la cual la bendición es hecha se encuentra en los dos mandamientos del Shabbat en la Torah, una está en Éxodo 20:8 y la otra en Deuteronomio 5:12. En Éxodo se le manda a Israel a "recordar": *Zajor et yom ha-shabbat le-kadesho*. Recordar en las Escrituras es actuar sobre una memoria, no solamente recuperar un archivo de la memoria del cerebro. Deuteronomio ordena que el Shabbat debe de ser "guardado" santo: *Shamor et yom ha-shabbat le-kadsho*.

29. El Sábado Bíblico es desde la tarde del Viernes, hasta la tarde del Sábado.

RECORDAR: GUARDAR

A fin de poder reconciliar los dos mandamientos y definir qué significa recordar (actuar) y guardar (proteger) la santidad del Shabbat, ciertos rabinos establecieron la costumbre de encender dos velas, una por el acto de recordar y otra por el acto de guardar. La *Minchag,* o costumbre local de esta práctica puede variar. Algunos judíos encienden una vela por cada miembro de la familia. Mientras que otros solo encienden dos, guardando un enfoque moderado de la costumbre y la simplicidad de los dos mandamientos.

La bendición tradicional Judía es confusa para los no-judíos que no pueden encontrar el mandamiento de encender velas en Shabbat, porque dice: "Bendito Eres Tu Señor nuestro Dios, Rey del Universo, que nos santificas con Tus mandamientos y nos ordenaste a encender la luz del Santo Shabbat." Los que usan esta bendición tradicional saben que no es un mandamiento literal el mandamiento de encender luces en Shabbat, sino que el encendido de las velas es la expresión física de los mandamientos menos tangibles: recordar y guardar. ¿Cómo uno "recuerda y guarda" como comunidad?

Por cuanto la comunidad está de acuerdo de encender las luces del Shabbat, entonces en realidad es SU obediencia al mandamiento. El mandamiento define la Semilla de la obediencia, pero la tradición define como las familias la obedecen. ¿Es posible hacer otras cosas que expresen la obediencia de recordar y guardar el Shabbat? Por supuesto. Encender velas, sin embargo es una expresión de comunidad como también una expresión individual. Aquellos que recuerdan y guardan el Shabbat están en solidaridad por todo el planeta encendiendo velas en Erev Shabbat en un mundo muy oscuro. La esencia de encender velas es para la familia el SER una luz al mundo obedeciendo al Creador del Universo.

Practicas locales son necesarias hasta en las leyes civiles, no solo en las prácticas religiosas. Un ejemplo personal de la autora es practicada por el Departamento Federal de Prisiones. Las leyes que gobiernan todas las prisiones federales se encuentran en el Código de Regulaciones Federales (CFR). Cada institución dentro del Departamento de Prisiones, sin embargo, es diferentes. Hay diferentes niveles de custodia y seguridad, diferentes empleados, diferentes población de prisioneros, diferentes facilidades físicas, diferentes climas, diferentes trabajos y oportunidades educacionales para los prisioneros y muchos otros factores.

30. El estilo de vestidura de una comunidad no es un método directo de guardar el mandamiento, refleja más una cultura o secta. la vestidura y sombreros negros de algunas sectas Ortodoxas promueven en la comunidad una Semilla de modestia y asegura que los individuos no se presentan como ricos o pobres. Justicia al pobre es una Semilla, pero el estilo de vestimenta personal es costumbre.

Las reglas del CFR son muy amplias y con frecuencia no específicas. Depende del Departamento Federal de Prisiones asegurarse que el Código sea cumplido en cada institución, por lo que el Departamento publica documentos llamados Declaración del Programa. En otras palabras, la Declaración del Programa informa COMO cada institución debe cumplir con las leyes.

Por cuanto cada institución es diferente, y aunque tiene diferentes recursos y facilidades con las cuales cumplen los requerimientos de la Declaración del Programa, cada institución local tiene Suplementos Institucionales, que dice en una forma práctica como cada institución en particular implementara la correspondiente Declaración del Programa, la norma mínima para satisfacer el CFR.

Esto se puede convertir en una burocracia gubernamental onerosa, pero generalmente el CFR, Declaración del Programa y los Suplementos Institucionales son muy eficientes, y aseguran que cada prisionero sea tratado justamente. Así sea que el prisionero no tenga una buena relación con un oficial correccional en particular, maestro, capataz de trabajo, o administrador de su caso, la presencia de normas promueve un tratamiento igual y humano para todos los prisioneros de acuerdo a reglas establecidas, pero a pesar de ello toma en consideración la población y los recursos de la institución especifica del preso.

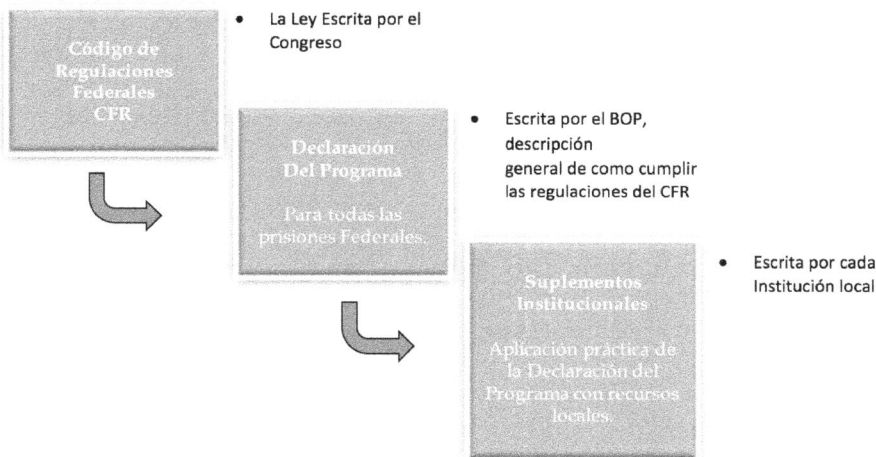

Código de Regulaciones Federales CFR

- La Ley Escrita por el Congreso

Declaración Del Programa

Para todas las prisiones Federales.

- Escrita por el BOP, descripción general de como cumplir las regulaciones del CFR

Suplementos Institucionales

Aplicación práctica de la Declaración del Programa con recursos locales.

- Escrita por cada Institución local

De la misma manera en que cada institución opera diariamente con normas que no son exactamente la ley, pero que se derivan de ella, la tradición o costumbre local en la práctica de la Torah puede mantener orden, justicia y una cultura común de la ley cuando es implementada propiamente. La Declaración del Programa y los Suplementos Institucionales no son documentos originados de la nada, sino que crecieron de la ley, la CFR. La mayoría de las Tradiciones Judías,[30] no se originaron de la nada, sino de las Leyes de la Torah. Cuando la tradición Judía es usada de acuerdo a los ejemplos e instrucciones de Yeshua, la tradición Judía puede también mantener un orden al guardar la Torah y darles a los creyentes una cultura común.

¿Qué pasa si hay abuso? Por ejemplo, un prisionero

puede estar encarcelado en un área donde no tiene nada en común culturalmente ni étnicamente con el personal de la prisión. ¿Podría los Suplementos Institucionales ser escritos por el personal local de tal manera que puede eludir la CFR? ¡Ciertamente podría! En estos casos los prisioneros recurren por ayuda a la cadena de mando, desde el jefe local del caso, al guardián, a la Región, y así sucesivamente hasta que el caso pueda ser escuchado por la Corte Suprema, la cual corregirá las prácticas del Departamento o las mantendrá. Si los Suplementos Institucionales o Declaraciones de los Programas crecieron de otra cosa que no sea la semilla de la CFR, entonces son una "mala tradición" (cizaña) desarraigada y reescrita para seguir el espíritu de la ley. El Departamento trata arduamente de evitar los gastos de una demanda judicial, por lo que pasan mucho tiempo esforzándose en reescribir Declaraciones de los Programas y Suplementos Institucionales para reflejar el espíritu de la ley.

Por cuanto es la naturaleza humana enfocarse en las irregularidades y malos ejemplos de algo, es muy tentador leer el *Brit HaJadashah* como un libro que condena todas las tradiciones. De hecho, Yeshua y sus Apóstoles algunas veces practicaron costumbres locales diferentes porque ellos eran de Galilea, y las prácticas de los Judíos de Judea estaban en conflicto con las de ellos creando así una hostilidad religiosa.[31] Esto no es inusual, ya que la Ley Oral Judía (*Mishnah*) registra la opinión de todos en una discusión, muy parecido a nuestra Corte Suprema moderna. El Judaísmo muy libremente mira de muchos ángulos a una cuestión de la Torah.

A veces aquellos que se adjudican de caminar escrupulosamente en la Palabra, acusan a otros de quebrantar la Palabra, si ellos la practican diferente de un mundo habituado a costumbres y tradiciones. La ventaja de estudiar la opinión de Yeshua en cuestiones de la Ley y la tradición es que le da a cada creyente un método efectivo de evaluar las

31. El folleto BEKY *Fariseos: Amigos o Enemigos?* da más detalles sobre las sectas rivales del Judaísmo del Primer Siglo, pero un ejemplo de la tensión entre Galilea y Judea es registrada en Juan 7, donde los Galileos son vistos como inferiores por "Los Judíos" la cual es una traducción confusa, ya que los dos grupos son Judíos.

tradiciones de cada uno de posible abuso o burla de los asuntos más importantes de la Torah, justicia, misericordia y fidelidad.

Una Escritura que confunde a muchos lectores se encuentra en Colosenses 2:21:

> *No tomes en tus manos, no pruebes,*
> *no toques Estos preceptos, basados*
> *en reglas y enseñanzas humanas,*
> *se refieren a cosas que van a*
> *desaparecer con el uso?*

El Dr. Robin Gould en su libro *Controversias Colosales* da un análisis completo de este pasaje, pero en resumen es que la tradición a la que se refiere Pablo en este texto son las tradiciones de manipular, tocar o probar, originarios de cultos paganos, las costumbres por las cuales los paganos estaban tratando de juzgar a los nuevos creyentes en Yeshua. Algunas veces lo que se originó en culto pagano es cizaña, pero el que guarda practicas espirituales que se originaron fuera de la Palabra y no sabe eso, no está calificado para juzgar a los creyentes que guardan los mandamientos y las tradiciones. Este pasaje no tiene nada que ver con ninguna tradición originada de las Escrituras.

Hasta hermanos y hermanas en Yeshua pueden mal juzgar uno al otro y competir por lo correcto, sin embargo, si uno sospecha que hay una competencia por una correcta aplicación en marcha, una regla general es:

El que trata de tener
la última palabra
raramente esta
caminando *EN* la Palabra.

3

TRADICION APOSTOLICA Y TRADICION JUDIA

Aunque es fácil ver el falso dilema de Torah vs. gracia y verdad, otro falso dilema es más difícil de discernir, la falacia de "tradición vs. verdad." Es más fácil declarar una tradición, ritual, modelo de adoración, o costumbre de reflejar una sombra falsa, por lo que algunos optan por declarar todas las tradiciones y costumbres como opuesto a la Palabra. Ellos preguntan, ¿Verdad o Tradición? Como si incluso uno pudiera divorciarse del otro. Esto es un dilema falso. Ellos podrán decir cosas como, "no está en la Torah, es una adición a la Torah, por tanto es pecado."[32][33]

Sin embargo, en los Profetas, los Salmos y el Brit HaJadashah hay un montón de cosas añadidas a la Torah. En algunos casos la Palabra denuncia esas adiciones o distorsiones. Por otro lado, tradiciones y costumbres que han crecido de la Semilla de la Torah para servicio de otros son mantenidas. Examinemos el siguiente verso:

> Os alabo porque en todo os
> acordáis de mí y guardáis las
> **tradiciones** con firmeza, tal como yo

32. Deuteronomio 4:2; 12:32; Apocalipsis 22:18

33. Todo el que practica el pecado, practica también la infracción de la ley, pues el pecado es infracción de la ley. (1 Juan 3:4)

os las entregué. [34]

*Así que, hermanos, estad firmes y conservad las **tradiciones** que os fueron enseñadas, ya de palabra, ya por carta nuestra.* [35]

Pablo les paso las tradiciones a las congregaciones de Corintios y Tesalonicenses en sus enseñanzas, tanto de boca como en sus cartas. Dos veces él dice que deben ser mantenidas con firmeza, y alaba a los Corintios por hacerlo. Lo más probable es que ambas congregaciones eran mayormente Gentiles en el tiempo que Pablo escribió, por lo que él tenía la expectativa que todos dentro de la congregación, tanto Judíos como Gentiles, conservaran firmemente las tradiciones. En las dos traducciones de "tradición," Pablo usa el Griego *paradosis*:

Concordancia Strong: G3862, Sustantivo Femenino

Definición:

- una entrega que se hace de boca en boca, o por escrito,
- la tradición por instrucción, narración, precepto, etc.
- objetivamente, lo que se entrega, la sustancia de una enseñanza del cuerpo de preceptos, especialmente rituales, que según la opinión de los Judíos posteriores fueron entregados oralmente por Moisés y transmitido oralmente en sucesión ininterrumpida a las generaciones posteriores.
- que los preceptos, tanto ilustran como expanden la ley escrita, por lo tanto, debían ser obedecidos con igual reverencia.

34. 1 Corintios 11:2

35. 2 Tesalonicenses 2:15

El problema con esta afirmación de la tradición

Judía, es que no sabemos que practicas Pablo les entrego a la congregación de mantener con firmeza. Pablo no igualaba la tradición con la Escritura, pero enfatiza su importancia a la comunidad de creyentes. Probablemente trajo orden dentro de la comunidad, pero Pablo no consideraba las costumbres como reflejando una sombra imperfecta de la realidad de Yeshua el Mesías. Cualquier sea la sombra, él pensaba que era una práctica apta que no fue sembrada de la simiente de la serpiente, sino una Lámpara santa para llevar la semilla de los mandamientos de Luz. ¿Derivo Pablo su necesidad de mantener la tradición Judía de Yeshua?

> *¡Ay de vosotros, escribas y fariseos, hipócritas!, porque pagáis el diezmo de la menta, del eneldo y del comino, y habéis descuidado los preceptos de más peso de la ley: la justicia, la misericordia y la fidelidad; y éstas son las cosas que debíais haber hecho, sin descuidar aquéllas.* [36]

En este pasaje ¡Yeshua demuestra los matices de una buena semilla creciendo en una mala tierra! Los escribas y Fariseos diezmaban de sus hierbas, una adición a la Torah, que está prohibido... ¿lo está? Si la Semilla de la Torah es diezmar de cultivos, granos y frutas, acaso ¿no podría un Israelita sincero escoger añadir un diezmo de su jardín de hierbas? De hecho Yeshua les dice que **debían** haber dado el diezmo de sus hierbas. Él no pensó que era una añadidura a la Palabra, sino como un buen fruto crecido de la Semilla para beneficiar a los pobres. Entonces, ¿Qué hizo que fuera un fruto detestable?

Yeshua usa una forma Judía, aun así, un principio de Hermenéutica Bíblica llamado Kal ve'Jomer, o "menor a mayor." Una tradición hecha por el hombre puede ser válida, pero es "menor" en su

36. Mateo 23:23

importancia que la Semilla real de la Torah, la cual es "mayor." Observar las tradiciones escrupulosamente y a la misma vez evitar la justicia, misericordia y fidelidad de la Semilla, es hipocresía.[37] Cualquier cosa crecida de la Semilla de la Torah debe estar caracterizada por justicia, misericordia y fidelidad. En el caso de estos hombres particularmente, la tradición menor era observada, mientras que la mayor realidad de Yeshua el Mesías, la Semilla Prometida, era ignorada.

En otra situación, Yeshua da más claridad de *paradosis*:

> *También les decía: Astutamente violáis el mandamiento de Dios para guardar vuestra tradición.* [38]

Yeshua presenta tres "formas" prácticas para evaluar la fruta y tierra en donde crece una tradición Judía (o cualquier tradición):

- ¿La tradición ha crecido de la Semilla de la Torah, los mandamientos de Adonai?
- ¿El que realiza la costumbre entiende que es menor que las escritas en la Torah y que no puede dejar de lado el mandamiento original?
- ¿Tiene la tradición crecida de la Semilla de la Torah justicia, misericordia y fidelidad en su esencia?

37. La palabra Griega "hipócrita" significa un actor en el escenario: uno que solamente posa como obediente a la Palabra.

Una tradición observada que esquiva o quebranta un mandamiento escrito es inválida. Es una cizaña crecida en mala tierra, infidelidad. Una tradición que es un medio para la justicia, misericordia y fidelidad y está relacionada a cada mandamiento es válida. Es buena fruta crecida en buena tierra mientras que no trasgreda una Ley Semilla.

38. Marco 7:9

Es importante no enfocarse demasiado en la

tradición real sin prestar atención a la persona que la hace (o no la hace). Cualquier persona que guarda mandamientos y tradiciones para ser vista por los hombres y ganarse su respeto o admiración es mala tierra. No comprender que el punto de cualquier mandamiento o tradición es discernir la realidad de Yeshua el Mesías, es ver a Moisés con un velo. Aquellos que ven la Torah a través de un velo no saben lo que la sombra refleja, por cuanto el velo obstruye la Luz de la realidad de la Ley espiritual.[39]

Los ejemplos de Yeshua del recaudador de impuestos y del Fariseo en oración es otro ejemplo de como uno debe examinar la motivación del que practica la tradición para determinar si esa costumbre cumple con los criterios de Yeshua.

> *A unos que confiaban en sí mismos como justos, y menospreciaban a los otros, dijo también esta parábola: Dos hombres subieron al templo a orar: uno era fariseo, y el otro publicano. El fariseo, puesto en pie, oraba <u>consigo mismo</u> de esta manera: Dios, te doy gracias porque no soy como los otros hombres, ladrones, injustos, adúlteros, ni aun como este publicano; ayuno dos veces a la semana, doy diezmos de todo lo que gano. Mas el publicano, estando lejos, no quería ni aun alzar los ojos al cielo, sino que se golpeaba el pecho, diciendo: Dios, sé propicio a mí, pecador. Os digo que éste descendió a su casa justificado antes que el otro; porque <u>cualquiera que se enaltece, será humillado</u>; y el que se humilla será enaltecido.*[40]

Para el lector no-Judío es fácil pasar por alto el hecho

39. Romanos 7:14

40. Lucas 18:9-14

que los dos, tanto el recaudador de impuestos como el Fariseo estaban exhibiendo costumbres Judías. El Fariseo se jactaba de que el diezmaba de "todo," no solamente de los productos de grano, vino, aceite, frutas y ganado requeridos en la Semilla de las Palabras de la Torah. El ayunaba dos veces por semana, lo cual no es requerido en la Torah, pero era una costumbre de algunos Judíos. La Torah solamente establece un día de ayuno anual, Yom Kippur. Es más tarde en las Escrituras que ayunos comunales adicionales crecieron para conmemorar eventos significativos espirituales para el pueblo Judío. Yeshua describe el error del Fariseo: él estaba actuando como si estuviera orando a Dios, pero él estaba orando a "si mismo."

En su humildad el recaudador de impuestos se golpeaba el pecho mientras que pedía perdón. Golpearse el pecho es una costumbre Judía asociada a la oración *Slijah*, oración de arrepentimiento del *Shmoneh Esrei*.[41] Al verdadero arrepentimiento le sigue verdadero agradecimiento, y golpearse el pecho es una costumbre antigua de mostrar dolor y pena. Hay una oración de confesión llamada *Vidui*, en la cual uno baja la cabeza, o inclina su cabeza en pena por el pecado como lo hacía el recaudador de impuestos cuando oraba.

La costumbre Judía en la oración no promueve alardear sobre otros; la intención es extraer un sincero arrepentimiento y agradecimiento. Humildad y agradecimiento son la base del arrepentimiento y el resultado de un verdadero arrepentimiento. Una oración sincera da la Luz de la Torah; no ilumina al individuo como el Fariseo arrogante que estaba violando la meta de las tradiciones. A pesar de que los dos hombres practicaban tradiciones Judías crecidas de la Semilla de la Torah, solo uno demostraba como la tradición podía crecer frutos de arrepentimiento. El problema no era la tradición, ¡sino la **motivación** del que la practicaba! Buena motivación es buena tierra. Mala motivación es

41. Para una total explicación profética de la naturaleza del Shemoneh Esrei y una explicación de muchos de los Nombres de Dios vea "De Pie con Israel: Una Casa de Oración para todas las Naciones," por la autora.

rocosa, seca y superficial.

El agradecimiento, humildad y el perdón que Yeshua enseña no crecen de compararse uno con los demás, sino de una honesta autoevaluación. Estadísticamente, la envidia esta inversamente relacionada al agradecimiento: cuanto más uno se compara con los demás, será menos sinceramente agradecido a su Salvador por todos los beneficios.

Si el recaudador de impuestos estaba practicando una tradición Judía aceptable de golpearse el pecho e inclinar su cabeza en una oración de arrepentimiento, y el Fariseo también estaba guardando tradiciones, aunque usándolas como un punto de comparación con su hermano Judío, si la tradición era válida o no, no era el punto de Yeshua. Su punto, enfatizado en el texto, era que mientras un hombre estaba practicando la tradición como recordatorio de su propia pobreza de espíritu, el otro estaba practicando la tradición para dirigir mal la luz de la Torah a él mismo.

Si alguien guarda un mandamiento o una tradición para llamar la atención sobre su propia rectitud o justicia, entonces no es un ejemplo a seguir, ningún discípulo debería aprender de este tipo de persona, a menos que sea un ejemplo de lo que NO se debe hacer y un corazón que NO se debe tener. Comparación de interpretación, aplicación y práctica es inevitable en el aprendizaje, pero mal trato y desdén de hermanos y hermanas no lo es. Por otro lado, algunos discípulos pueden despojarse de todas las tradiciones y declarar que siguen solo la Torah y de esto ellos están muy orgullosos, porque ellos creen que se distinguen de sus hermanos atrapados y nublados en las tradiciones de hombres.

¿Cuáles son las Siete Abominaciones para el Creador que está registradas en Proverbios 6?

- No una mirada altiva.
- No una lengua mentirosa.
- No manos que derraman sangre inocente.
- No un corazón que maquina planes perversos.
- No unos pies que corren rápidamente hacia el mal.
- No un testigo falso que dice mentiras.

La Séptima Abominación, la perfección de todas las abominaciones anteriores, la abominación formada de todas las seis abominaciones que la preceden es...

#7. El que Separa a los hermanos

Compararse uno mismo favorablemente con otros creyentes nos lleva a la separación y la arrogancia, y Pablo nos da un ejemplo de su propio celo religioso antes de su encuentro con Yeshua:

> *Y cómo yo aventajaba en el Judaísmo a muchos de mis compatriotas contemporáneos, mostrando mucho más celo por las tradiciones de mis antepasados.*
> *Gálatas 1:14*

Pablo explica su problema dentro del Judaísmo: él se estaba elevando en importancia en su trayectoria de conocimiento. Él estaba requisando las tradiciones de su pueblo para presentarlas más inteligentes, santas, y más correctas en su observancia. La Semilla de la Torah no fue designada para este objetivo, ni tampoco es la observancia de ninguna tradición cultivada desde un corazón rocoso y cegado.

El encuentro de Pablo con Yeshua, sin embargo, demostró primero que ciego él estaba del objetivo de celo por los mandamientos, como también de cualquiera de las tradiciones del Judaísmo. El punto era de conocer la sombra para que la realidad del Mesías pueda dar vida de la Luz de la Torah. La semilla y las tradiciones son para dar buen fruto y guardar las ordenanzas de la Torah, para dar luz a la tierra glorificar al Padre, no quitar el honor y el respeto de los hombres para uno mismo. No hay nada como perder temporalmente la vista, para hacer que una persona aprecie la visión. En su ceguera Pablo finalmente vio la realidad del Mesías y el propósito detrás los mandamientos "mayores" y las tradiciones "menores." El vio más allá de la sombra.

Irónicamente, su encuentro con Yeshua cumplió un propósito opuesto a lo que Pablo había buscado: distinguiéndose de sus compatriotas. En vez de subir a la cima del Sanedrín Judío, Pablo se convirtió en el ministro líder de los Gentiles creyentes al que se le oponían la mayoría de los líderes[42] del Sanedrín. Sin embargo, Pablo no olvidó su celo por las tradiciones de su fe. El simplemente las hizo crecer de una mejor tierra, un nuevo corazón y vida resurrectada en Yeshua. Por ejemplo, Pablo urge a los Corintios y Gálatas:

> *En cuanto a la ofrenda para los santos, haced vosotros también de la manera que ordené en las iglesias de Galacia. Cada primer día de la semana cada uno de vosotros ponga aparte algo, según haya prosperado, guardándolo, para que cuando yo llegue no se recojan entonces ofrendas.*[43]

42. Nicodemo era un seguidor secreto de Yeshua hasta su entierro. Irónicamente, Pedro era un discípulo de Yeshua hasta su arresto y muerte, pero los eventos hicieron que Nicodemo lo saco a la luz ante el Sanedrín y los Romanos.

43. 1 Corintios 16:1-2

Pablo recoge ayuda (tzedakah) para los creyentes en Jerusalén, pero él no quiere que estén recaudando fondos mientras el enseñaba. Por cuanto las primeras comunidades de creyentes generalmente se reunían para partir el pan al concluir el Shabbat, cuando el primer día de la semana empezaba al atardecer del día Sábado, es probable que allí fue donde más enseño.[44] Literatura del Primer Siglo registra que los creyentes en Yeshua continuaron atendiendo a las Sinagogas[45] en sus comunidades, solo más tarde fue cuando fueron forzados a escoger entre atender a la iglesia o a la sinagoga, por lo que esto puede explicar su elección de tiempo de reunión.

La tradición Judía puede explicar porque Pablo no quería que nadie recogiera fondos hasta el primer día de la semana, Domingo, ya que la costumbre rabínica prohíbe hablar de negocios u ocuparse de actividades de cosas que se hacen durante la semana, como manejar dinero, que es *muktzah*.[46] De acuerdo a la ley Judía, el propósito de esta tradición es:

> ...evita que el Shabbat se convierta en un día ordinario de la semana.
> (Appel, 2016. p. 97)

Pablo está instruyendo a sus estudiantes de observar la forma Judía de guardar el Shabbat evitando el comercio y el manejo de dinero, no de "pasar el plato" durante el servicio del Shabbat, el cual era *muktzah*. Estas son cosas que se llevan a cabo en los otros seis días de la semana. La costumbre es muy antigua, que creció de la exhortación del profeta Amos:

44. Hechos 20:7

45. Hechos 15:21

46. Algo que no se puede hacer en el Sábado.

> *Oíd esto, los que explotáis a los menesterosos, y arruináis a los pobres de la tierra, diciendo: ¿Cuándo pasará el mes, y venderemos el trigo; y la semana,*

y abriremos los graneros del pan, y achicaremos la medida, y subiremos el precio, y falsearemos con engaño la balanza, para comprar los pobres por dinero, y los necesitados por un par de zapatos, y venderemos los desechos del trigo? [47]

A pesar que los Judíos no manejan dinero en el Shabbat, el punto de la recaudación de fondos semanal era para ayudar a los pobres y necesitados de la tierra como Amos lo ilustro. En los hogares modernos, por cuanto los creyentes no viven a una distancia cerca de algún servicio de Shabbat, acomodaciones se hicieron para dar tzedakah en Shabbat. ¿No sería maravilloso si cada cual que guarda el Shabbat viviera cerca de su congregación local para depositar su ofrenda semanal cualquier día de la semana caminando hacia su congregación local?

Otra costumbre Judía es el dar la tzedakah justo antes que empiece el Shabbat al caer la tarde del Viernes, como también familias Judías separan dinero empezando el primer día laboral de la semana, según lo que puedan dar para luego ser recogida y luego distribuida. Las cajas familiares modernas de tzedakah son periódicamente vaciadas y el contenido entregado a caridad.

Alt-Miller (pp. 38-39) describe la costumbre familiar en Erev Shabbat justo antes del encendido de las velas. Los padres colocan su caja de tzedakah,[48] y cada niño o niña trae también su caja de tzedakah, que cada niño Judío tiene, ya sea que ellos mismos las han hecho o las han recibido como regalo. Los padres pagan a los hijos su remuneración semanal, y después de un poco de trabajo para producir un cambio adecuado, cada niño o niña da el 10%-20% como tzedakah de su remuneración, echándolo en la caja, al igual que los padres que también dan

47. Amos 8:4-6

48. Para una muestra de cajas de tzedakah diseñadas como hermosas obras de arte, ver: http:www. studioalotta.com

tzedakah, ya que en el Judaísmo no es visto como caridad, sino como lo que cada persona le debe al pobre.

Esta costumbre ha crecido de la Semilla de la Torah, y les enseña a los niños de una forma muy personal la importancia de dar a los pobres, expresando el corazón de la Torah. Después de que cada uno ha dado tzedakah, las cajas son guardadas porque ningún dinero se puede manejar en Shabbat. Luego la familia viene a encender las velas, por lo que desde pequeños, los niños asocian dar caridad con el calor familiar del Shabbat, y así ellos son conscientes de los que no pueden disfrutar de esta bendición.

El factor humano, sin embargo, sigue siendo importante. ¿Puede un niño resentir el dar una porción de su remuneración, y por consiguiente disminuir la Luz de la tradición en su vida? Por supuesto. La tierra del corazón necesitara algún trabajo para que pueda dar un fruto saludable de la Semilla de amar al prójimo. Esto no significa que la tradición de dar tzedakah justo antes de Erev Shabbat sea una cizaña, por cuanto el corazón del niño necesita transformación, esto es algo que los padres buenos pueden cultivar mientras que el niño crece y se vuelve más consciente de la necesidad de otros.

Si los padres terrenales pueden cultivar la tierra del corazón del niño, entonces, cuanto más el Ruaj HaKodesh (Espíritu Santo) del Padre puede cultivar el terreno de nuestros corazones a recordar y guardar la Semilla de donde crecen nuestras propias tradiciones.

Misericordia:

Bondad y buena voluntad hacia los pobres y afligidos, unido con el deseo de ayudarlos.

(Griego)

Celo hacia cualquiera, amor, misericordia y piedad.

(Hebreo)

Justicia:

Una opinión o decisión concerniente a cualquier cosa, especialmente concerniente a la justicia o injusticia, bien o mal. (Griego)

Lo que es correcto, justo o normal, Rectitud, justicia de peso y medidas.

(Hebreo)

Fidelidad:

Obediencia a la fe; Convicción a la verdad de cualquier cosa que se cree; convicción o credo con respecto al hombre con relación a Dios y las cosas divinas, generalmente con la idea que une el fervor y la santidad nacida de la fe;

(Griego)

Fidelidad: cumplimiento de las promesas. (Hebreo)

4

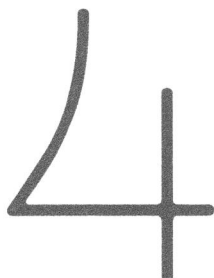

LA SOMBRA ROJA

La Torah sostiene las palabras Semilla de donde el Antiguo Testamento (TANAJ) y el Nuevo Testamento crecen. Estos libros de las Escrituras entre Josué y Apocalipsis registran tradiciones crecidas de la Torah. De hecho hasta la Torah siembra la idea de que costumbres crecerán de la Torah misma:

> Por eso, hasta hoy, los hijos de Israel
> no comen el tendón de la cadera
> que está en la **coyuntura** del muslo,
> porque el hombre tocó la coyuntura
> del muslo de Jacob en el tendón de
> la cadera.[49]

La antigua batalla entre Jacob y Esau es un patrón de semillas demostrando tanto la lucha de la humanidad, como también la práctica de las tradiciones para preservar la memoria de un evento Semilla en la Torah.

Las áreas sensitivas de la mano y el pie son simbólicas en las Escrituras. El pie, especialmente el talón, representa el alma. En Hebreo, el alma es el *nefesh*. La definición más corta del alma es, manojo de apetitos, emociones, deseos e intelecto. 49. Génesis 32:32

50. Un apodo de Esaú en las Escrituras es Edom, El Rojo, de adom que significa rojo en el Hebreo.

51. La Caf en el Hebreo denota cosas con una estructura en forma de taza, como la palma de la mano, la planta del pie, o el encaje del muslo. La cobertura de la cabeza de un hombre Judío se llama *kippah*, cuya forma se asemeja a una mano en la cabeza para bendecir, ordenar, o consagrar. *Kafar* significa expiación de donde viene la palabra para el tiempo señalado de Yom Kippur, el Día de Expiación. Levítico 14:18 es un buen ejemplo de la relación entre los temas de caf y cafar.

52. Jacob en Hebreo es Yaakov, comúnmente traducido como "suplantador," pero la raíz ekev se refiere al talón o lo que sigue.

El talón se vuelve muy duro y calloso, pero la planta (Hebreo: *caf*) se mantiene altamente sensitiva. Cuando Jacob nació, estaba sosteniendo el talón del rojo y peludo Esaú, señalando el lugar de la vulnerabilidad de Esaú, sus apetitos. El talón es el punto de vulnerabilidad de la "semilla" de Eva, pero el punto de la vulnerabilidad de la bestia-serpiente es la cabeza, el símbolo del Espíritu.

En su apetito por la cosa y roja y las mujeres Cananeas, Esaú es tanto un depredador endurecido, como presa fácil, como una bestia. El caza por deporte y lo que le trae placer a su alma, y es así como Jacob engaña a Isaac su padre por la bendición de Esaú y negocia con Esaú por la primogenitura en Génesis 25. Los apetitos de su alma es lo que hizo a Esaú la presa, porque todo lo que se necesitaba para usar de carnada a UNO ROJO como Esaú era la comida, la caza (competencia), placer sexual, placer emocional o logros emocionales. Ser gobernado por estos deseos en vez de vencerlos con el Espíritu, son las vulnerabilidades de la bestia.

Esaú[50] representa la cosa roja, un alma dura que busca placer y hazañas. Cuando Jacob regresa a la tierra a enfrentarse con Esaú, él lucha con un "hombre," del cual él dice tiene la cara de Dios, y Jacob nombra el lugar de la competencia de lucha, Peniel. Esta lucha causo que Jacob fuera herido en el encaje del muslo, la *caf* .[51]

Antes de que Jacob pudiera enfrentarse a su mellizo Esaú, él tenía que luchar con el Esaú interno. Jacob era conocido por confiar en su propio talón, que en el caso de Jacob, era el intelecto endurecido de su alma, para obtener los resultados que quería. Jacob también, necesitaba que su espíritu prevaleciera sobre su alma roja, para así poder vencer Al Rojo dentro de él, porque esta es una competencia que vale la pena ganar. Al hacerlo, cambio su caminar, de la misma forma que un discípulo caminará cuando practique andar en el Espíritu en vez de su alma. Cuando un discípulo camina en el Espíritu, es con la sensibilidad de la planta de su pie al Espíritu, no la vulnerabilidad de sus rojos deseos.[53]

En el capítulo Tres del Apocalipsis, la quinta Asamblea es Sardis, que literalmente significa "Los Rojos." En la tradición rabínica, Esau (Edom) es El Rojo, porque el nació todo rojo y peludo como una bestia, el apodo Bíblico de Esau, Edom viene de *adom,* o color rojo. Los de Sardis son señalados por haberse conformado a la imagen de la bestia peluda Esau, un hombre controlado por sus apetitos. La Semilla de la Torah nos insinúa el principio de la bestia como primogénito, ya que en el Sexto Día de la Creación, la bestia fue creada primero, y a pesar de todo el segundogénito, el hombre, fue creado para gobernar sobre la bestia, porque el hombre fue hecho en la imagen de Elohim, quien es Espíritu.

Cuando el entro a la tienda de su padre sin saber que Jacob ya había conseguido la bendición con engaño, Esaú le dice a su padre "Yo soy tu **primogénito**, Esaú." Por cuanto su padre había sido engañado a través de su propia alma roja, su apetito vulnerable por la caza silvestre, Esaú esta justo en el blanco. Isaac empezó su caminar con el Dios de su padre Abraham sembrando semilla en el campo y cosechando al ciento por uno, sin embargo en el momento crítico de producir la bendición al primogénito, Isaac es vulnerable a los apetitos de un hombre que caza en el campo en vez de sembrar semilla en él! Estos son vínculos fundamentales entre la serpiente, la bestia más astuta del campo (Gen 3:1) y el hombre del campo, Esaú (Gen 25:27).

Cada una de las siete asambleas del libro de Apocalipsis corresponden a un *moed,* o día festivo, registrados en la Torah.[54] La asamblea de Sardis es el ejemplo más fácil de las siete, por varias frases, modismos y tradiciones relacionados a Rosh HaShanah, la Fiesta de las Trompetas, demuestra que el mensaje de Yeshua a Sardis es palabra-por-

53. Para un estudio más profundo entre el espíritu, alma y cuerpo y los símbolos de Esaú/Jacob, ver el libro *Creation Gospel Workbook Four: The Scarlet Harlot and the Crimson Thread* de la autora.

54. Vea el Apéndice D para un resumen de cada fiesta o de la Fundación del Evangelio de la Creación Libro Uno: La Fundación de la Creación con una completa explicación de las Siete Iglesias de Apocalipsis como las Siete Fiestas de Adonai nombradas en la Torah.

palabra una colección de tradiciones Judías en la fiesta. ¿Dónde todas estas tradiciones Judías han sido recogidas de las escasas Semillas de la Torah?

Si bien puede haber algunas tradiciones Judías de un origen incierto, las Escrituras confirman las tradiciones de Rosh HaShanah en Apocalipsis, por lo que podemos estar seguros que han crecido de una buena Semilla, y si Los Rojos están dispuestos a arrepentirse de sus pobres motivaciones, entonces fruto crecerá de una buena tierra, un corazón limpio, buen fruto de una buena Semilla.

Rosh HaShanah inicia la temporada de Otoño de las Fiestas en la Torah. Examina cada declaración de Apocalipsis 3:1-6 dirigida a Los Rojos debajo, y una Semilla de sombra de la Torah explica de donde puede haber crecido esta tradición:

> *Escribe al ángel de la iglesia en Sardis: El que tiene los **siete espíritus de Dios**, y las **siete estrellas**, dice esto: Yo conozco tus obras, que tienes nombre de que **vives, y estás muerto.***

Semilla de la Torah: Una porción tradicional Judía de la Torah empieza en Números 8:1 con la Menorah de siete brazos, que representan a los siete Espíritus de Dios y a las siete asambleas. El medio (quiasmo) de los siete días de la Creación es el cuarto, el día en que las estrellas fueron puestas para testificar de los *moedim*[55] (fiestas).

Tradición Judía: las obras son examinadas cada año desde Rosh HaShanah hasta Yom HaKippur. Figurativamente, el muerto resurrecta de las obras del año pasado para navegar por el sendero que El Padre ha decretado para el para el año siguiente. Mientras escucha el sonido del shofar[56]/trompeta en Rosh HaShanah, el arrepentido muere (duerme)

55. Génesis 1:14

56. El cuerno del carnero sopla como una trompeta.

y es resurrectado en un "abrir y cerrar de ojos." Es esto exactamente lo que Pablo les enseña a los conversos Gentiles:

> *He aquí, os digo un misterio: No todos dormiremos; pero todos seremos transformados, en un momento, en un abrir y cerrar de ojos, a la final trompeta; porque se tocará la trompeta, y los muertos serán resucitados incorruptibles, y nosotros seremos transformados.* [57]

La "ultima trompeta," es la trompeta de Rosh HaShanah y la "gran trompeta" es sonada diez días después en Yom Kippur.

La columna de nube se levantaba para moverse en el desierto guiando a los Israelitas a lo largo del camino pre-determinado. El patrón de levantarse es un tema que esta incrustado en la tradición Judía de Rosh HaShanah de la gran resurrección de los muertos. Significativamente, a los de Sardis se les dice que se "Despierten, y afirmen las cosas que quedan, que están a punto de morir; porque no he encontrado tus obras completas delante de mi Dios." La tradición Judía conecta las obras del pasado y del año que viene con arrepentimiento, muerte y resurrección:

> Una práctica muy común en los hombres entre los Askenazis es usar una túnica blanca llamada kittel en Yom Kippur. Sefer ra'avyah (No 528) explica que en Yom Kippur nosotros nos parecemos a los ángeles. Usar un Kittel refleja nuestra pureza espiritual en un estado elevado. Rema (Shuljan Aruj, Ora Jayyim 610:4), por otro lado, afirma que el kittel parece una mortaja.

57. 1 Corintios 15:51-52

La imagen de la muerte debería
sacudirnos al arrepentimiento.
(Angel, M. 2000, p. 43)

Semilla de la Torah: El acto de mecer una ofrenda en
Números Ocho es una "elevación,"[58] una sombra
que refleja la resurrección de algo viejo a algo
nuevo. Los Levitas hasta se afeitaban todo el vello
del cuerpo antes de su elevación, simbólicamente
regresando a un nuevo estado y sumergiéndose en
el agua como en el vientre para su dedicación para
poder servir en la Casa.

Tradición Judía: La terminación de cada circuito
anual es el tiempo para examinarse a uno mismo por
el logro o fracaso al navegar por el sendero prescrito.
Como persona que ha envejecido durante el año,
el muere y es resurrectado en Rosh HaShanah. Los
buenos continúan, pero las trasgresiones de Los
Rojos deberían morir cuando el creyente confesa
sus pecados.[59] Un dicho común en Rosh HaShanah
es "despiértate tú que duermes, levántate de entre
los muertos." En las palabras del Rambam,[60] el
shofar grita "despiértense ustedes que duermen de
su sueño (espiritual). Revisen sus caminos y regresen
a HaShem (Dios) en Teshuva (arrepentimiento)."

Esta tradición de resurrección, del Quinto Sello,
la Fiesta de las Trompetas/Rosh HaShanah, es
quiasma[61] con la Tercera Fiesta, Los Primeros Frutos
de la Cebada, y Primeros Frutos también es un día
de resurrección, coincidiendo con el día en que
Yeshua y los santos justos de antaño resurrectaron de
entre los muertos.[62] Decirle a Los Rojos de la Quinta
Iglesia que "fortalezca las cosas que quedan" es
una pista al Quinto Espíritu de Adonai, *Gevurah,* o
Fuerza (Ver el Apéndice A).

En el Quinto Día de la Creación, Elohim crea las aves
y los peces. En la sombra profética de la porción
Semilla de la Torah, la chusma ansió los *peces* que
comían gratis en Egipto, y Adonai les dio de comer

58. Puedes
escuchar la
raíz alah para
"subir," (Strong
#5927) en el
título de la
porción de la
Torah *Behaalotja*
(Numeros
8:1 – 12:16);
que significa
ascender,
escalar, o
brotar como
vegetación.
La Menorah
fue elaborada
con flores de
almendras,
demostrando el
poder del Ruaj
(Espíritu Santo)
de resurrección.

59. 1 Juan 1:9

60. Maimonides,
un sabio Judío
muy respetado.

56

aves hasta que les salió por las narices. Moisés esta escéptico, preguntándose ¿si todo los peces del mar se juntaran sería suficiente? Los Israelitas se quejaron del manna que "resecaba" sus almas, pero el compañero de resurrección quiasma de Sardis que es Pérgamo, se le promete "el manna escondido"[63] si ellos vencen sus almas resecas con los que el Espíritu dice. Si los apetitos de la carne y el alma de Israel pueden ser gobernados por apetitos espirituales, entonces la resurrección puede ocurrir como El Pan de Vida enseñó.

> *Ruecuerda, pues, de lo que has recibido y oído; guárdalo y arrepiéntete. Por tanto, si no velas, vendré como ladrón, y no sabrás a qué hora vendré sobre ti.*
> **Apocalipsis 3:3**

Semilla de la Torah: Rosh HaShanah es un *moed* de recordación, como es detallada en la porción Semilla de la Torah:

> *Asimismo, en el día de vuestra alegría, en vuestras fiestas señaladas y en el primer día de vuestros meses, tocaréis las trompetas durante vuestros holocaustos y durante los sacrificios de vuestras ofrendas de paz; y serán para vosotros como recordatorio delante de vuestro Dios. Yo soy el Señor vuestro Dios.*
> **Números 10:10**

El toque está asociado con la ofrenda *olah* (elevación) de resurrección y los principios de los meses; Rosh HaShanah es una celebración doble, porque es el primero de los meses, final del año, como también El Día del Soplido. A pesar que muchos piensan que el sobre nombre tradicional Judío de la Fiesta de las Trompetas, Rosh Hashanah,

61. Vea el Apéndice A para un gráfico de la menorah. Un quiasmo ocurre cuando dos lados se convierten en un espejo del otro. Si la menorah se doblara en el medio, entonces el tercer y quinto dio se tocarían; ya que ambos emergen de la misma ubicación de brote del tronco central de la menorah, y comparten el mismo tema, resurrección.

62. Mateo 27:53

63. Yeshua se identifica a sí mismo como el Pan del Cielo, identificándose tanto como el manna escondido en el Arca del Pacto y como la Palabra escondida con el Padre hasta que él fue enviado para alimentar a Israel.

64. El año nuevo Babilónico *Akitu* cae en el 1er día de Tishrei, que coincide con Yom Teruah o el 1er Día del Séptimo Mes. Cuando los Judíos en la cautividad comenzaron a llamar al Mes Séptimo por su nombre Babilónico Tishrei, los rabinos no querían que se confundiera con el nuevo año pagano, por lo que le añadieron el nombre Rosh HaShanah a Yom Teruah, el cual eventualmente se convirtió en el nombre común para esta fiesta. La raíz de *Shanah* significa un cambio, una transformación, *shinui* (Ganar 2016). El tema transformacional de Yom Teruah distingue el cambio Judío del año *Akitu*.

65. 1 Corintios 15:51-52

66. Éxodo 34:22. La palabra traducida "salida" es *tekufah*: giro o circuito.

es un nombre equivocado porque no se llama con este nombre específicamente en la Torah, hay un enlace textual a su función.

Rosh HaShanah[64] significa "Cabeza (Principio) del Año" en Hebreo, pero la Semilla de la Torah lo llama Yom Teruah, el Día del Soplido (las trompetas). A primera vista, esto suplanta la Semilla con una cizaña, pero ¿lo hace? Shanah en Hebreo es más que un año; es un cambio. Un año hace un cambio, por lo que es un juego de palabras el que Pablo da a entender a sus lectores no-Judíos:

*He aquí, os digo un misterio: no todos dormiremos, **pero todos seremos cambiados** en un momento, en un abrir y cerrar de ojos, a la trompeta final; pues la trompeta sonará y los Muertos resucitarán incorruptibles, y nosotros **seremos cambiados**.*[65]

Rosh HaShanah es el principio del cambio. ¿Cuál cambio? Es un cambio agrícola y espiritual del año. La cosecha es reunida, como el cuerpo del Mesías en la Fiesta de las Trompetas, sin embargo se transforman a una nueva vida en resurrección. ¿Hay alguna Semilla de la Torah que confirme esto, o Pablo estaba equivocado?

Semilla de la Torah:

*También celebrarás la fiesta de las semanas, es decir, los primeros frutos de la siega del trigo, y la **fiesta de la cosecha al final del año.***[66]

También guardarás la fiesta de la siega de los primeros frutos de tus labores, de lo que siembres en el campo; y la fiesta de la cosecha al fin del año cuando recojas del campo el fruto de tu trabajo.[67]

*Entonces Moisés les ordenó, diciendo: **Al fin** de cada siete años, durante el tiempo del año de la remisión de deudas, en la Fiesta de los Tabernáculos[68].*

*Contarás también siete semanas de **años** para ti, siete veces siete **años**, para que tengas el tiempo de siete semanas de **años**, es decir, cuarenta y nueve **años**. "Entonces tocarás fuertemente el cuerno de carnero el décimo día del **séptimo mes;** en el día de la expiación tocaréis el cuerno por toda la tierra.*[69]

Mientras que el primer mes del año ocurre en la primavera, el mes de la Pascua,[70] las Fiestas de otoño, Trompetas, Día de Expiación y Tabernáculos marcan el fin y el principio de un año... en el séptimo mes. Para la mentalidad occidental esto está condicionado a exigir uno u otro, verdadero o falso, esto es increíble!

No es diferente sin embargo, el ver al cielo y ver dos luminarias: el sol por el día, y la luna por la noche. Cada una sirve algo similar, pero tienen una función separada en mantener a la tierra en un balance vivible, pero no hay conflicto con el propósito de una a la otra.[71] El sol determina los años, pero la luna determina un mes.

Ver un cordero Pascual inmolado vivo sentado en el Trono del Rey en Rosh Hashanah no es un conflicto. Un nuevo año de libertad en el Otoño no está en conflicto con el principio de los años en la Primavera, y afortunadamente, las dos estaciones ofrecen profecías de resurrección en Yeshua el

67. Éxodo 23:16. La palabra traducida "fin" es *yatza*: salida, exit.

68. Deuteronomio 31:10. La palabra traducida "fin" es *ketz*: fin.

69. Levítico 25:8-9. Este soplido del cuerno del carnero declara el año de Jubileo cuando todos los dueños de tierra regresan a su tierra.

70. Éxodo 12:2

71. Para una revisión excelente sobre la nueva luna relacionado a la observancia de las fiestas, el principio de los meses y renovación espiritual, vea el libro de Kisha Gallagher, *The Biblical New Moon: A Beginner's Guide for Celebrating.*

Mesías. De hecho, los temas de las fiestas coinciden una a la otra, son diferentes, sin embargo son una, al igual que la Menorah que es una sola pieza de oro labrado a martillo.

Tradición Judía: a los de Sardis se les advierte que el día del juicio vendrá a ellos como un ladrón sino despiertan. En la tradición Judía el día del juicio es Yom Kippur, el Día de Expiación, sin embargo empieza diez días antes en Rosh HaShanah para despertar al "muerto" durmiente con una trompeta a tiempo para preparar sus vestiduras de resurrección a la vida, en vez de dejarlas manchadas para un juicio severo. Con Yeshua como abogado nuestro delante del Padre, no hay razón para que nos encuentre dormidos, muertos en trasgresiones y pecados, ni ser despertados con vestiduras manchadas.

Hay un modismo Judío para ese día de despertar, Rosh HaShanah: "El día y la hora que nadie lo sabe..." Puede ser una alusión al movimiento de la nube en la Semilla de la Torah del Éxodo. Hasta Moisés parece que no sabía, porque él tenía que esperar a la nube. *"Cuando se alzaba la nube del tabernáculo, los hijos de Israel partían; y en el lugar donde la nube paraba, allí acampaban los hijos de Israel.... A veces la nube... por unos días... a veces se quedaba..... o si había estado un día, y a la noche... si dos días, o un mes, o un año..."* (Seleccionado de Números 9:15-23).

Semilla de la Torah: Los de Sardis están advertidos de prepararse para el tiempo de la tribulación en la tierra, como la que nunca se ha visto antes. La obra de la bestia y el dragón crecerán intensamente, y ellos harán guerra contra los hijos de la Mujer que guardan los mandamientos de Dios y tienen el testimonio de Yeshua. Para prepararse para tal enemigo, Números 10:9 ordena: *Cuando vayáis a la guerra en vuestra tierra contra el adversario que os ataque, tocaréis alarma (teruah-grito) con las trompetas a fin de que el SEÑOR vuestro Dios se acuerde de vosotros, y seáis salvados de vuestros enemigos."* El grito de la *teruah* hace que Adonai los recuerde y disperse a sus enemigos.

Tradición Judía: Rosh Hashanah es celebrado como "el día y la hora que nadie lo sabe" y "el día del estallido de despertar," y es celebrado por dos días como precaución, por la falta de certeza del avistamiento de la nueva luna que marca el día. La *Teruah* (grito), *tekiah* (palmada), *shevarim* (gemido), son los toques del cuerno o shofar que marcan el servicio en la Sinagoga, acompañados con oraciones de arrepentimiento.

El sonido de la *Tekiah* en Rosh Hashanah corona a Adonai como Rey. El sonido largo y seguido del shofar es el sonido de la coronación del Rey. Shevarim son tres estallidos de gemidos medios que se asemejan a un aullido/gemido que se escucha comúnmente en el Medio Oriente, tanto como un sonido de celebración como también llanto de duelo. Demuestra dolor por las faltas del año anterior y el reconocimiento de Israel de la necesidad de arrepentimiento. La *Teruah* que son nueve sonidos rápidos, es una alarma de reloj, despertando a Israel de un adormecimiento espiritual, para buscar claridad, vigilar y enfocarse.

El Talmud de la ley oral Judía dice que cuando hay juicio de abajo, no hay necesidad de juicio de arriba. Si los Judíos se examinan ellos mismos y se dan cuenta lo que no han logrado en el pasado y lo que ellos esperan cambiar en el futuro, entonces no hay necesidad de "despertar" a algo que ya es percibido y sacrificado en el altar de arrepentimiento.

> Pero tienes unas pocas personas en Sardis que no han manchado sus vestiduras; y andarán conmigo en vestiduras blancas, porque son dignas.

Semilla de la Torah: Las "pocas" personas en Sardis son representativos de los Levitas (Números 8:5, 14-19) elegidos como redención en lugar de los primogénitos de las "legiones" de las tribus, todas mencionadas con sus estandartes y líderes en el Capítulo Diez. Por cuanto ellos se opusieron con Moisés a los adoradores del Becerro de Oro, ellos fueron dignos del sacerdocio (Ex 32:25-29). Las vestiduras blancas del sacerdocio consagrado se encuentran en Éxodo 28.

Tradición Judía: Tradicionalmente en Rosh Hashanah se visten prendas blancas.

> *Así el vencedor será vestido*
> *de **vestiduras blancas** y **no borraré***
> ***su nombre del libro de la vida,** y*
> *reconoceré su nombre delante de*
> *mi Padre y delante de sus ángeles.*

Semilla de la Torah: En Números 8:7, Adonai ordena que los Levitas laven sus ropas y quedaran purificados. Moisés literalmente viste a Aarón con sus vestiduras sacerdotales. Las vestiduras blancas debían ser usadas en el Lugar Santísimo, atrás del velo, en lugar de la colorida vestimenta del Sumo Sacerdote.

En Éxodo 32:32, Moisés le ruega a Adonai de no quitar su Presencia de Israel, porque el preferiría que su nombre sea borrado del Libro, juntamente con sus hermanos y hermanas, incluso en sus fracasos.

Tradición Judía: Vestiduras nuevas son usadas en Rosh HaShanah. Blanco es la tradición en el primer día, y de allí cualquier color, pero rojo se usa en el segundo día. En algunas comunidades Judías, como en la de Bagdad, vestiduras y zapatos blancos son usados no solamente en Rosh HaShanah sino en Shavuot y Yom Kippur (Yerushalmi, 2007, Loc. 1754 de 3932).

La tradición del juicio de los Libros en Rosh Hashanah/ Yom Kippur se encuentra con detalles en la Ley Oral Judía, Mishnah Rosh HaShanah 16b, y repetida con diferentes palabras por el sabio Judío Rambam, Hilchos Teshuvah 3:3.

> *El que tiene oído, **oiga** lo que el Espíritu dice a las iglesias.*

Semilla de la Torah: En Números 10, a Moisés se le ordena crear dos trompetas de plata para convocar la asamblea e indicar cuando el campamento tenía que moverse. Ignorar estas trompetas podría resultar en ser dejado atrás. ¡Ser dejado atrás no le debería pasar a nadie que guarda la Fiesta de las Trompetas en el tiempo señalado! El sonido de la teruah era mover el campamento a acción: *"Pero cuando toquéis alarma, partirán los que estén acampados al oriente…."* En Hebreo teruah también puede significar grito.

Tradición Judía: Escuchar el sonido del shofar es el mandamiento primario de Rosh Hashanah.

Pablo en 1 Tesalonicenses 4:13-15 usa temas tradicionales de Rosh HaShanah para ilustrar la venida de Yeshua de la sombra de la semilla de la Torah:

> Pero no queremos, hermanos, que ignoréis acerca de los que duermen, para que no os entristezcáis como lo hacen los demás que no tienen esperanza. Porque si creemos que Jesús murió y resucitó, así también Dios traerá con El a los que durmieron en Jesús. Por lo cual os decimos esto por la palabra del Señor: que nosotros los que estemos vivos y que permanezcamos hasta la venida del Señor, no precederemos

a los que durmieron.

Semilla de la Torah: En el Capítulo Doce de Números se encuentra el infame incidente de Aarón y Miriam que hablaron mal de la mujer Cusita. En alguna literatura Judía, se ha propuesto que Miriam no estaba hablando mal de la Cusita, sino de Moisés por esquivar sus relaciones conyugales con su esposa debido a sus responsabilidades. Cuando la nube se retiró, Miriam fue puesta fuera del Campamento por causa de la lepra, a lo que Aarón lo asemeja a haber nacido muerta. Figurativamente, Miriam está muerta fuera del Campamento, y la Presencia se ha retirado, haciendo que Aarón y Moisés clamen por ella. Ni la nube ni el Campamento se movieron hasta que ella fue restaurada después de siete días figurativos de muerte.

Tradición Judía: La muerte es vista como "dormir" en la literatura de Rosh HaShanah. Pablo escribe a los Tesalonicenses que los que han dormido en el Mesías no están sin esperanza, posiblemente refiriéndose a la fuerte intercesión de Moisés y Aarón en favor de Miriam. Tanto Moisés el legislador, como Aarón el Portador de la Luz oran por restauración para que **todo** el Campamento pueda moveré nuevamente. La resurrección de Miriam de la muerte precede la reunión de los "vivos" de Israel en la nube para continuar el movimiento.

> *Pues **el Señor mismo descenderá del cielo** con **voz de mando, con voz de arcángel y con la trompeta de Dios,*** *y los muertos en Cristo se levantarán primero.* [72]

> *Dios ha ascendido entre aclamaciones, el Señor, al son de trompeta.* [73]

72. 1 Tesalonicenses 4:16

73. Salmo 47:5 *Semilla de la Torah:* Fue el mismo Señor, el Ángel

de la Presencia, el que descendió en la nube para hablar con Moisés: el Nombre estaba en El para sanar y perdonar pecados. Cuando Aarón y Miriam hablaron en contra de la Cusita, *"Entonces el Señor descendió en una columna de nube y se puso a la puerta de la tienda…" (Números 12:5).*

> *Pero cuando toquéis* **alarma (teruah-grito),** *partirán los que estén acampados al oriente.*
> Números 10:5

Tradición Judía: La columna descendió, pero cuando era tiempo de ascender, el grito era la señal que la gente tenía que moverse con Su Presencia. La tradición Judía afirma la el resto de la exhortación de Pablo a los Tesalonicenses: *"Entonces nosotros, los que estemos vivos y que permanezcamos, seremos arrebatados juntamente con ellos en las nubes al encuentro del Señor en el aire, y así estaremos con el Señor siempre."* (1 Tesalonicenses 4:17)

Semilla de la Torah:

> *Cuando se alzaba la nube del tabernáculo, los hijos de Israel partían; y en el lugar donde la nube paraba, allí acampaban los hijos de Israel…. A veces la nube… por unos días… a veces se quedaba….. o si había estado un día, y a la noche… si dos días, o un mes, o un año…" (Seleccionado de Números 9:15-23).*

> *Y la nube del Señor BA SOBRE ELLOS DE DÍA desde que partieron del campamento. Y sucedía que cuando el arca se ponía en marcha, Moisés decía: ¡Levántate, HaShem! y sean dispersados tus*

enemigos, huyan de tu presencia
los que te aborrecen. Y cuando el
arca descansaba, él decía: Vuelve,
HaShem, a los millares de millares de
Israel. (Números 10:34-36)

El regreso del "Señor mismo" en la carta a los Tesalonicenses es paralelo al movimiento de la nube/arca en el desierto. El movimiento de la nube marchaba con el movimiento del Arca llevando la Palabra de Dios.

Tradición Judía: La nube/Palabra dispersaba al enemigo, y de allí regresaba a los millares de millares de Israel, que coincide con la descripción de Pablo de la reunión de los santos. La nube del Ángel de la Presencia estaba centrado en "La Tienda del Testimonio,"[74] sugiriéndola como el estándar y punto de reunión para todo Israel en la resurrección.

La palabra Griega *aer* traducida como "en el aire" en 1 Tesalonicenses Cuatro se refiere al aire respirable cerca de la tierra. No se refiere a las nubes altas sobre la tierra. Esto es similar a la tradición Judía que los Israelitas caminaron en "La Nube de Gloria" en el desierto, porque de muchos pasajes sobre el movimiento de la nube en el desierto y el campamento inicial en Sukkot, ellos infieren que Israel entro a Sukkot (Tabernáculos) nubes de gloria cuando ellos salieron de Egipto.

¿Quién estaba al frente del movimiento del Campamento? Judá. Después de la cautividad Babilónica, cualquiera de las tribus que todavía tenían sus identidades tribales, se llamaron "Judíos." ¿Podría esta disposición ser una sombra-Semilla de la Torah de donde la planta y fruta del liderazgo Judío en el Shabbat, los Moedim y el servicio del Templo crecen?

He aquí sobre los montes los pies del

74. Al Tabernáculo también se le conocía como el *Ohel Moed*, la Tienda de los Tiempos Señalados, una referencia a los moedim, las Fiestas de Adonai donde todo Israel se reunía para adorar.

*que trae buenas nuevas, del que anuncia la paz. Celebra, **oh Judá**, tus fiestas, cumple tus votos; porque nunca más volverá a pasar por ti el malvado; pereció del todo.* [75]

*Vino a mí palabra del Señor de los ejércitos, diciendo: Así ha dicho el Señor de los ejércitos: El ayuno del cuarto mes, el ayuno del quinto, el ayuno del séptimo, y el ayuno del décimo, se convertirán para la **casa de Judá** en gozo y alegría, y en festivas solemnidades. Amad, pues, la verdad y la paz. Así ha dicho el Señor de los ejércitos: Aún vendrán pueblos, y habitantes de muchas ciudades; y vendrán los habitantes de una ciudad a otra, y dirán: Vamos a implorar el favor del Señor, y a buscar al Señor de los ejércitos. Yo también iré. Y vendrán muchos pueblos y fuertes naciones a buscar al Señor de los ejércitos en Jerusalén, y a implorar el favor del Señor. Así ha dicho el Señor de los ejércitos: En aquellos días acontecerá que diez hombres de las naciones de toda lengua tomarán del **manto a un Judío,** diciendo: Iremos con vosotros, porque hemos oído que Dios está con vosotros.* [76]

*¿Qué ventaja tiene, pues, **el Judío**? ¿O de qué aprovecha la circuncisión? Mucho, en todas maneras. Primero, ciertamente, que les ha sido confiada la palabra de Dios.* [77]

…que son israelitas, de los cuales son la adopción, la gloria, el pacto, la

75. Nahúm 1:15

76. Zacarías 8:19-23

77. Romanos 3:1-2

78. Romanos 9:4

79. Hasta la Asamblea de Laodicea (Vea Apéndice A) en Apocalipsis contiene tradiciones Judías, que asigna las escalas de justicia como tema del mes de Tishrei, el Séptimo Mes, Laodicea significa "Juicio del Pueblo."

80. Los sabios Judíos no trataron de racionalizar todas las leyes rabínicas, ya que la "motivación de promulgar leyes era para proteger las leyes de la Torah. Como regla general, Jazal (los sabios) no hicieron leyes para proteger leyes rabínicas... no significa que gezerot no tenga un lógica interna y mecanismo. Por lo tanto, mientras que la motivación máxima de gezerah era proteger una ley de la Torah, el resultado de la gezerah puede afectar acciones que estarían

promulgación de la Ley, el culto y las promesas… [78]

Judá está al frente del movimiento del Campamento, y de acuerdo a Nahúm, Zacarías y Pablo, ellos están encargados de la responsabilidad primaria de salvaguardar el peso prescrito de los moedim, como también cualquier ayuno o fiestas adicionales "ligeras" de la tradición. Zacarías no objeta la adición de días de ayuno a Yom Kippur, más bien las describe de cómo serán trasformadas por gozo para todas las naciones [79] en el reino del Mesías. Zacarías reconoce como ayuda algo que tal vez algunos puedan juzgar como cizaña (mala tradición) de la Torah. Lo que Judá hizo crecer de la semilla de la Torah fue una buena tradición que presagio la vida de resurrección de Israel en el Mesías.

Sería un grave error elevar las tradiciones Judías sobre la Torah, que es la que proyecta la sombra perfecta; sin embargo, ignorar completamente la tradición Judía seria perder el contexto de gran parte de la Escritura, especialmente del Nuevo Testamento, que enseña un corazón transformado, no una Torah transformada. Sin ninguna instrucción de marco de referencia a la observancia, la práctica de caminar en la Torah puede llegar a ser cada vez más extraña mientras el alumno permanece ciego al movimiento del Campamento dirigido por Judá…. que era dirigido por el Ángel de la Presencia. Esto es los dos, Semilla y sombra de la realidad del León de la Tribu de Judá. El resultado de ignorar totalmente el Cetro de Judá es división de la familia, constantes argumentos, y una desunión caprichosa.

Si bien puede haber algunas tradiciones, fabulas o costumbres incomprensibles dentro del Judaísmo, [80] hay que ejercer precaución en la caminata diaria. La colección de la ley oral Judía ha aumentado exponencialmente desde que los creyentes del

GRITO · LIBRO DE LA VIDA · VESTIDURAS BLANCAS · ROSH HASHANAH · RESURECCION · ARREPENTIMIENTO · SHOFAR

FIESTA DE LAS TROMPETAS

LA SEMILLA DE LA TORAH

Primer Siglo fueron educados en algunas de las costumbres, por lo que es un reto reunir a un grupo de creyentes cuando hay mucha desesperación de encontrar la forma "correcta," "adecuada," o "verdadera" en métodos de observancia.

Esta es una generación de transición como la del Primer Siglo, una generación que es posible poner fe en Yeshua como el Mesías como también observar fielmente los mandamientos del Padre. Permanecer en la nube y con la multitud puede ser un reto, especialmente cuando en los extremos algunos se han enamorado de cualquier cosa Judía, mientras que los otros detestan cualquier cosa "rabínica." Toma Su Mano, Yeshua, la autoridad. Mantén un ojo en Judá para el movimiento y tiempos de reposos, para poder mantenerte dentro y bajo la nube. Los Levitas reúnen,[81] y Judá es la realeza de la autoridad de cobertura. Evita cizañas (malas tradiciones), pero no etiquetes como pecado tradiciones Judías crecidas de la Semilla y buena tierra.

> Y al mandato del Señor acampaban, y al mandato del Señor partían; guardaban la ordenanza del Señor según el mandato del Señor por medio de Moisés. *Números 9:23*
>
> Así partieron desde el monte del Señor tres días de camino, y el arca del pacto del Señor ib delante de ellos por **tres días, buscándoles un lugar dónde descansar.** Y la nube del Señor iba sobre ellos de día desde que partieron del campamento. *Números 10:33-34*

Es un camino de tres días para descansar, y los tres días fueron un símbolo al que Yeshua se refería

80 (cont). aparentemente desconectadas de proteger una ley de la Torah."

81. El orden de nacimiento de Levi es una pista. Su orden tercero de nacimiento corresponde al Tercer Día, cuando las aguas fueron reunidas, que significa el rol Levítico de reunir a Israel a la Tienda del Testimonio. Inmersión y aspersión de agua es una parte vital de los ritos Levíticos en el Libro de Levítico y Números. El primogénito Rubén es descrito como "aguas impetuosas," como el caos de las profundidades del Día Uno.

continuamente. La reunión en el tiempo de la Pascua, en la tercera fiesta, Primeros Frutos, es la primera resurrección. ¿Caminaremos nosotros en las nubes desde el Día del Sonido de Despertar hasta Sukkot? Yeshua es el Ángel de la Presencia en la nube, y él es cobertura, vestiduras, hablando y resurrectando a Israel. Esa misma Mano está juzgando aquellos en la tierra, que son pesados en la balanza y son encontrados con faltas. Las nubes dan sombra a la tierra en un día soleado, pero el sol no hace sombras claras en el día de la oscuridad. En vez, la realidad se encuentra en el Mesías, quien está en la nube con sus testigos.

La sombra sabe.

5

¡WOW! ¡ESO ES JUDIO!

Como los modismos y expectaciones Judías del mensaje en la asamblea de Sardis, hay muchos pasajes en el Brit HaJadashah que tienen su origen en las tradiciones, erudiciones y modismos Judíos. Son tantos que es imposible nombrarlos todos en este libro. Algunos de los más obvios, ayuda al lector no-Judío a apreciar la rica herencia Judía de los escritores de los Evangelios, Epístolas y hasta el Apocalipsis de Juan.

La Verdadera Apariencia del Mal

Si el lector de la Escritura siempre ha asumido que Pablo era anti-rabínico, entonces su declaración en Hechos 23:6 suena extraña en el mejor de los casos, o falso en el peor de los casos:

> *Entonces Pablo, dándose cuenta de que una parte eran saduceos y otra fariseos, alzó la voz en el concilio: Hermanos, yo soy fariseo, hijo de fariseos; se me juzga a causa de la esperanza de la resurrección de los muertos.*

Si bien ciertamente Pablo era listo y letrado, él estaba señalando algo muy importante a sus acusadores y a los que lo escuchaban. Él se identificaba con las enseñanzas de los Fariseos, específicamente con la Escuela Farisaica de Hillel. Una explicación más detallada se encuentra en el libro BEKY, *Fariseos: Amigos o Rivales?* Sin embargo, en el contexto Pablo se distingue de los Saduceos que rechazan las tradiciones Judías, particularmente la Ley Oral desarrollada por las dos Escuelas Farisaicas de Hillel y Shammai.

Los Saduceos no estaban desprovistos de tradiciones, pero sus creencias y prácticas estaban enfocadas en la Torah escrita, mientras que los Fariseos pusieron mucho más esfuerzo en la Torah Oral Judía. Como Pablo menciona, los Fariseos creen en la resurrección de los muertos, no un concepto muy obvio de la Torah, pero definitivamente en el Espíritu de la Torah y la Ley Oral Judía. Los Saduceos tomaron la forma más literal de las Escrituras, negando la resurrección de los muertos.

En 1 Tesalonicenses 5:22-23, Pablo escribió:

> *Absteneos de toda forma de mal.*
> *Y que el mismo Dios de paz os*
> *santifique por completo; y que todo*
> *vuestro ser, espíritu, alma y cuerpo,*
> *sea preservado irreprensible para la*
> *venida de nuestro Señor Jesucristo.*

¿Acaso Pablo genero estas ideas de un estudio personal, o las aprendió en la escuela de los Fariseos? En la Ley Oral Judía hay un principio llamado *Mar'it Ha'ayin,* que está definida en el Código Conciso de Ley Judía: "La prohibición de un hecho por la apariencia de ser una ofensa." (Appel, 2016. Pg. 99) La "cerca" del hecho (rabínico) prohibido mismo, no necesariamente tiene que ser prohibido en la Palabra, pero puede llevar a un acto de la Torah-

prohibido o de mala conducta para otros, causando caer en el pecado. La cerca adicional aseguraba que el Nombre de Dios no sea profanado por mala conducta. Este aspecto de la Ley Oral Judía está basada en Números 32:22: *"después volveréis y quedaréis limpios para con el Señor y para con Israel."*

En 1 Corintios 8:9-12, Pablo demuestra entrenamiento rabínico:

> *Mas tened cuidado, no sea que esta vuestra libertad de alguna manera se convierta en piedra de tropiezo para el débil. Porque si alguno te ve a ti, que tienes conocimiento, sentado a la mesa en un templo de ídolos, ¿No será estimulada su conciencia, si él es débil, a comer lo sacrificado a los ídolos? Y por tu conocimiento se perderá el que es débil, el hermano por quien Cristo murió. Y así, al pecar contra los hermanos y herir su conciencia cuando ésta es débil, pecáis contra Cristo.*

Pablo menciona dos elementos claves de los dos, la prohibición de la misma Torah, y de la Ley Oral Judía. Primeramente, tal vez alguien lo vea como un mal entendido o como violación de la Torah, específicamente en contra de la idolatría y de comer cosas sacrificadas a los ídolos. Pablo prohíbe comer dentro de los recintos de un templo pagano por lo que el "débil" y desinformado observador no interprete esto como una participación real de un ritual pagano y piense que está bien comer de sacrificios paganos. A pesar de que los creyentes saben que un ídolo es mudo y sin poder, el creyente débil puede no estar tan firme en su fe, sino guiándose del ejemplo de otros para aprender y practicar.

Y en segundo lugar, Pablo relaciona que pecar contra un hermano débil, es pecar en contra del Mesías. Evitando la apariencia de mal, o *ma'arit ha'ayin*, el creyente fuerte actúa en fe a favor de su hermano Israelita, que lo hace libre delante de Dios **y** el hombre. Este es un proceso de santificación en nuestra fe, y este principio de Ley Judía, da una definición de lo que significa estar libre delante de Dios y el hombre en Números 32:22.

Por el bien de los Gentiles.[82]

La mayoría de los Cristianos están familiarizados con la base lógica de Pablo por la que la mayoría de los Judíos del Primer Siglo rechazaron a Yeshua como el Mesías:

> *Digo entonces: ¿Acaso tropezaron para caer? ¡De ningún modo! Pero por su transgresión ha venido la salvación a los gentiles, para causarles celos. Y si su transgresión es riqueza para el mundo, y su fracaso es riqueza para los gentiles, ¡Cuánto más será su plenitud!.... Porque no quiero, hermanos, que ignoréis este misterio, para que no seáis sabios en vuestra propia opinión: que a Israel le ha acontecido un endurecimiento parcial hasta que haya entrado la plenitud de los gentiles; y así, todo Israel será salvo...*[83]

82. Vea el Apéndice B para una explicación de las categorías de Gentiles en las Escrituras y en la mentalidad Judía (el ger y el goy), como también el proceso y el significado del converso en el antiguo y moderno Judaísmo.

83. Romanos 11:11-12

¿De dónde saco Pablo esta idea de que había un plan maestro tras este fenómeno? En la Ley Oral Judía (Pesachim 87b), afirma que, "El pueblo Judío fue exiliado de la Tierra de Israel solo por causa de los *gerim* (extranjeros) que serían añadidos a ellos." (Ben Avraham, 2012, pp. 57, 161) Aunque la expectativa Judía tradicional no incluye específicamente la muerte y resurrección de Yeshua como parte de los eventos del Primer Siglo que causaron la destrucción del Templo, el núcleo de la tradición está presente en el pensamiento de Pablo justo antes de la destrucción del Templo.

La expectativa de juicio sobre los Judíos para traer salvación al mundo es una tradición bien fundada, no una cizaña (mala tradición).

No es coincidencia, que el pensamiento Judío acredita al converso (*ger*) con provocar a celo a las ramas naturales por su pasión por los mandamientos:

Los *gerim* son para despertar al pueblo Judío a servir a Dios con un entusiasmo ardiente y una meticulosa observancia de los mandamientos de la Torah. Ellos causan que aquellos que han nacido Judíos sigan su ejemplo y que cumplan los mandamientos con un alma elevada y no por costumbre o por repetición. Si, Dios no lo permita, aquellos nacidos Judíos no se inspiran de su ejemplo, esto puede causar una gran acusación contra ellos de Arriba. (ibid p. 163)

El contexto completo de Romanos 11 vincula todavía más el pensamiento Judío con respecto a los no-Judíos que vienen a la fe en el Dios de Israel:

Y si el primer pedazo de masa es santo, también lo es toda la masa; y si la raíz es santa, también lo son las ramas. Pero si algunas de las ramas fueron desgajadas, y tú, siendo un olivo silvestre, fuiste injertado entre ellas y fuiste hecho participante con ellas de la rica savia de la raíz del olivo, no seas arrogante para con las ramas; pero si eres arrogante, recuerda que tú no eres el que sustenta la raíz, sino que la raíz es la que te sustenta a ti. Dirás entonces: Las

ramas fueron desgajadas para que
yo fuera injertado. Muy cierto; fueron
desgajadas por su incredulidad,
pero tú por la fe te mantienes
firme. No seas altanero, sino teme;
Romanos 11:16-20

Pablo trae un punto de la tradición Judía concerniente a los nuevos conversos: "*Gerim* traen arrogancia al pueblo Judío." (Ben Avraham, 2012 p. 131) En contexto, esta tradición se refiere a los nuevos conversos al Judaísmo. En el Primer Siglo, ese proceso era mucho menos formalizado que el día de hoy; de hecho, es imposible decir que había un Judaísmo único del Primer Siglo cuando Pablo vivió, sino que había Judaísmos. Había varias sectas que fueron más adelante homogenizadas en la unificación general del Judaísmo conocido como Ortodoxo del día de hoy. En la mentalidad Paulina del Primer Siglo, los conversos que hizo dentro de los Gentiles también serían susceptibles a la arrogancia por ser conversos al pueblo Judío.

La expectativa de que hasta los justos Gentiles (conversos) podían introducir arrogancia en sus comunidades y tener necesidad de ser advertido es una tradición validada, no una cizaña (mala tradición).

¿El Primer Pentecostés?

Sin exposición de la tradición Judía, la mayoría de los Cristianos creen que el primer Pentecostés está registrado en Hechos Capitulo Dos. En la tradición Judía, sin embargo, la primera celebración nacional de Pentecostés ocurrió en el Monte Sinaí. El nombre Hebreo de la Fiesta es Shavuot, o la Fiesta de las Semanas. Tradicionalmente, la Torah fue dada al pueblo Judío en el Monte Sinaí en Shavuot. Un resumen de ese Pacto es dado por Moisés en Deuteronomio:

Y no hago sólo con vosotros este pacto y este juramento, sino también con los que están hoy aquí con nosotros en la presencia del Señor Nuestro Dios, y con los que no están hoy aquí con nostros... [84]

En la tradición Judía, los gerim (conversos) eran también aquellos que estaban de pie en el Monte Sinaí (ibid p. 193). Adicionalmente, la multitud mixta (*Erev Rav*) que salieron de Egipto con los Hebreos jugaron un papel importante en traer a las naciones al Dios de Abraham, Isaac y Jacob. A pesar de que el *Erev Rav* causo problemas en el camino por el desierto, en la tradición rabínica se cree que "La excelente calidad de los gerim es que ellos traen la luz de las naciones del mundo con ellos." (ibid p. 153) En el Libro de Apocalipsis, Juan reconoce que en la Nueva Jerusalén, los reyes de la tierra traerán la gloria a la Ciudad Santa como la tradición Judía lo dice: *Y las naciones andarán a su luz, y los reyes de la tierra traerán a ella su gloria.* [85]

¿Qué tiene que ver esto con Hechos 2? En Hechos Dos, muchos prosélitos (gerim) habían hecho peregrinaciones a Jerusalén para observar la Fiesta de Shavuot, o Pentecostés, que recuerda la entrega de la Torah en el Sinaí. En la expectativa Judía, "La Torah fue dada den 70 lenguajes de modo que los Erev Rav, que hablaban estos setenta lenguajes, purificaría a su vez a las setenta naciones originales del mundo." (ibid p. 58)

Cuando los discípulos de Yeshua empezaron a proclamar el evangelio en su lengua nativa en Hechos Dos, cumplió la expectativa Judía que los gerim (prosélitos, conversos) ayudarían a evangelizar a las naciones. Más tarde en el Libro de Apocalipsis, Juan profetiza un regreso de estos gerim justos a Jerusalén; ellos se sienten atraídos a la Lámpara del Cordero, sin embargo ellos regresan con la Luz de las Buenas Nuevas de las naciones del mundo a la

84. Deuteronomio 29:14-15

85. Apocalipsis 21:24

Ciudad Santa.

Haber dado el mensaje del evangelio a los conversos justos en Shavuot (Pentecostés) fue una "repetición" de lo que ocurrió en el desierto en el Sinaí. El escritor de Hebreos 4:2 le recuerda al lector que el evangelio fue predicado en el desierto: *Porque en verdad, a nosotros se nos ha anunciado la buena nueva, como también a ellos; pero la palabra que ellos oyeron no les aprovechó por no ir acompañada por la fe en los que la oyeron."* Las dos personas presentes en el Sinaí, el Hebreo nativo y el ger (converso), no les aprovecho el evangelio dado en el Sinaí por su falta de fe.

Los eventos en Hechos Dos en Shavuot fueron en gran medida una expectativa Judía, pero debía tener una corrección del fracaso del desierto de la dos gentes para vivir las buenas nuevas de acuerdo a la fe. En Hechos Dos, nuevamente la Torah es proclamada en los 70 lenguajes de las naciones a los conversos justos, pero esta vez es con el poder del Ruaj HaKodesh (Espíritu Santo), y es mezclado con los hechos superiores de fidelidad por parte de los discípulos de Yeshua.

La proclamación de la Torah a los Gentiles justos en Shavuot es una tradición Judía crecida de la verdad, no una cizaña.

La Marca de la Bestia: Comprando y Vendiendo en Shabbat

Por cuanto Juan escribió frecuentemente de la expectativa y tradición Judía en el Libro de Apocalipsis, ¿Cuál era el contexto Judío concerniente a la marca de la bestia? Para el no-Judío que no está familiarizado con la ley Judía concerniente al Shabbat (Sábado), suena aterrador. ¡Oh no! ¡No podremos comprar en la tienda si no tenemos la marca de la bestia! ¡Qué horror!

Por falta de conocimiento de la TANAK (Antiguo Testamento) y la tradición Judía con respecto al número más importante en Apocalipsis, 7, lleva a conclusiones bastante extravagantes sobre la marca de la bestia. Ha habido una cantidad de especulaciones sobre cuál puede ser la marca de la bestia[86]: un chip de computadora insertado en la mano o en la frente, un código de barras, un tatuaje, una tarjeta de crédito… no faltan ideas.

Cuando uno quiere saber el significado de una palabra o un número en las Escrituras, es importante seguir reglas establecidas de interpretación bíblica conocida como hermenéutica. Una regla es Primera Mención, que significa que la primera vez que se menciona una palabra o un número establecerá su significado hasta el fin de las Escrituras. Otra regla es Mención Progresiva, y Completa Mención, que es localizar cada mención de esa palabra o número y observar el patrón de significado que revelará. Cualquier significado que tenga el número 7 será consistente desde el principio hasta el final de la Escritura. Por ejemplo, Shabbat es identificado como un día de descanso en la Creación, y será resuelto y completado como descanso en Apocalipsis.

La Torah instruye a la humanidad descansar en el primer 7, Shabbat, y la instrucción sigue siendo fundamental para la humanidad desde el principio hasta el Apocalipsis. ¿Cómo el trasfondo tradicional Judío de Juan se une con el propósito Divino? En la tradición Judía, uno no compra o vende en Shabbat. Es un cerco rabínico que no está escrito explícitamente en la Torah, pero a pesar de ello fue establecido por los antiguos sabios Judíos y aceptados por los profetas en la Tanak. El *Código Conciso de Ley Judía* explica este cerco rabínico de comprar o vender en el Shabbat: "El propósito rabínico de esta promulgación es mantener al Shabbat de convertirse en un día ordinario de la semana, con la gente ocupándose de sus actividades habituales de la semana. (Appel, p. 97)

86. Para un estudio mas profundo sobre la marca de la bestia, vea *Creation Gospel Workbook 4, the Scarlet Harlot and the Crimson Thread*. Disponible en www.creationgospel.com

Este cerco rabínico no fue establecido en el Primer Siglo por los escribas y Fariseos, sino por los sabios antiguos, como Nehemías que acepto el cerco sin preguntar, comprometiéndose a mantener las puertas de Jerusalén cerradas a los mercaderes en Shabbat y en los Shabbat especiales de las fiestas de Israel (Nehemías 13:15-21). Isaías 58:13 valida este antiguo cerco rabínico, recordándole a Israel que deshonra el Shabbat y Aquel que lo dio a la humanidad cuando persiguen sus ocupaciones propias en ese día.

Para la mentalidad Judía, es la "bestia," o el rojo velludo Esaú, el carácter de los seres humanos que continuamente se ocupan de sus negocios normales en el Shabbat; por lo tanto, ningún hombre podía comprar o vender sin la marca de la bestia. Esaú, también es conocido como Edom, el Rojo, es el icono Judío establecido de la naturaleza animal "bestia," más baja del ser humano que lucha en contra del Espíritu Santo. El Libro Judío de oraciones registra una petición, "Líbranos del Rojo!" Una referencia muy clara de esta oración de arrepentimiento es dada a la Iglesia de Sardis, que significa "Los Rojos."

El Shabbat es una experiencia espiritual distintiva, ya que el aspecto físico de la vida es entregado para servir el descanso espiritual en el Mesías. Lo físico y lo espiritual se convierten en uno. Lo que fue preparado en seis días se entrega para ser disfrutado en libertad en el Séptimo. Las cargas de la semana son abandonadas para que lo Divino sea completamente abrazado. La unión de lo físico y espiritual es la meta del Shabbat, elevando el buen trabajo de la semana a un estado de santidad en el Shabbat. Un Shabbat santo no es simplemente una continuación del trabajo semanal, porque esto no le da descanso al hombre, ni tampoco le da gloria a Adonai el Creador.

Cuando una persona reverencia el Shabbat y lo separa para adorar al Santo, él es sellado con el

Espíritu Santo. Cuando una persona lo deshonra, es marcado y apartado, porque se ha identificado con la bestia que fue creada el Sexto Día juntamente con el hombre. Seis es el número de los dos, la bestia y el hombre. ¿La diferencia? La bestia, como Esaú, nació primero, el hombre Jacob,[87] nació segundo. El Apóstol Pablo dice que lo físico es lo primero, luego lo espiritual: *Mas lo espiritual no es primero, sino lo animal; luego lo espiritual.*[88]

La bestia primogénita debe someterse al dominio del hombre nacido segundo, un ser apartado del reino animal porque él fue hecho a la imagen de Elohim (El Dios Creador en Génesis 1). La persona que reverencia el Shabbat es el hombre hecho a la imagen de Elohim. El que no lo hace, se hace a la imagen de la bestia. Esto tiene que ser rectificado, y el Libro de Apocalipsis profetiza como se logrará en los últimos tiempos. Cuando El Santo le revelo al Apóstol Juan este proceso, El usa el cerco rabínico para ilustrar como Su Palabra debe de ser ejecutada.

¿Es el cerco rabínico de no comprar y vender en el Shabbat la verdad, tradición o cizaña (mala tradición)? Es una tradición crecida de la Semilla de la Verdad en la Torah. Su Palabra es Verdad. Esta tradición no es una cizaña.

Resolución Legal Judía en Cuestiones de la Ley

Un *psak* es una resolución legal Judía en asuntos de aplicaciones prácticas de la Torah. La decisión de un *posek* es conocido como *psak din* o *psak halajah* ("aplicación de la ley") o simplemente un "psak." En Hebreo, pasak es la raíz que implica "parar" o "cesar;" el posek lleva el proceso de debate legal a su conclusión final.

Yeshua emitió un *psak* con respecto a la lujuria. Él dijo que mirar a una mujer y codiciarla ya adultero con ella en el corazón. ¿Dónde está la Semilla de la

87. Yaakov, el nombre Hebreo de Jacob viene de *ekev*, lo que sigue o viene después.

88. 1 Corintios 15:46

Torah de su interpretación?

> *Y os servirá el fleco, para que*
> *cuando lo veáis os acordéis de*
> *todos los mandamientos del SEÑOR,*
> *a fin de que los cumpláis y no sigáis*
> *vuestro corazón ni vuestros ojos, tras*
> *los cuales os habéis prostituido.* [89]

Esta regla es sostenida por el gran erudito Judío Rambam. Esta aplicación es una buena tradición que crece en buena tierra de la Semilla, no una cizaña.

El Mandamiento para Salvar Vida

A menudo hay confusión sobre el énfasis Judío de cumplir los mandamientos, y los no-Judíos tienden a pensar que Pablo es el primer pensador Cristiano que introdujo la idea que hay abusos en la manera en que una persona usa los mandamientos en su caminar. Aunque la carta a los Romanos puede estar dirigida en una forma breve, el Capitulo Diez demuestra la forma Judía de entendimiento de la función de los mandamientos de la Torah entregados por Moisés en Deuteronomio 30.

> *Porque yo testifico a su favor de*
> *que tienen celo de Dios, pero no*
> *conforme a un pleno conocimiento.*
> *Pues desconociendo la justicia de*
> *Dios y procurando establecer la suya*
> *propia, no se sometieron a la justicia*
> *de Dios. Porque Cristo es el fin de la*
> *ley para justicia a todo aquel que*
> *cree. Porque Moisés escribe que el*
> *hombre que practica la justicia que*
> *es de la ley, vivirá por ella. Pero la*
> *justicia que es de la fe, dice así: No*
> *digas en tu corazón: ¿Quién subirá*
> *al cielo?*

89. Números
15:39

*(esto es para hacer bajar a Cristo), o
¿Quién descenderá al abismo? (esto
es, para subir a Cristo de entre los
muertos). Mas, ¿qué dice? Cerca de
ti esta la Palabra, en tu boca y en tu
corazón, es decir, la palabra de fe
que predicamos. Romanos 10:2-8*

En este pasaje Pablo se refiere a la comprensión Judía moderna más común de la relación que ellos tienen con los mandamientos. El cita a Moisés y se los explica a la asamblea de Roma. Cuando ciertos mandamientos parecen estar en conflicto, entonces "el mandamiento para preservar la vida" es citado en la Ley Judía. Por ejemplo, a pesar que el Judío Ortodoxo no trabaja o maneja en Shabbat, los médicos van a trabajar y los choferes de las ambulancias trabajan y manejan. Como Yeshua señalo, los Levitas trabajan en el Templo en Shabbat, porque aquellos mandamientos son de mayor "peso."

Hay un método de pesar los mandamientos de modo que si yo necesito "quebrantar" uno a fin de guardar otro, la persona puede escoger guardar el de mayor peso. En el caso de una emergencia médica, el mandamiento de preservar la vida supera la ley rabínica de no manejar y la ley Semilla de la Torah de no trabajar, porque la vida está en juego. ¿De qué pasaje la ley Judía basa esta práctica e interpretación? Del pasaje de Levítico 18:5 que Pablo menciona!

*Por tanto, guardaréis mis estatutos
y mis leyes, por los cuales el hombre
vivirá si los cumple; yo soy el Señor.*

En el Judaísmo, toda la esencia de la Torah está contenida en este pasaje. Los mandamientos no fueron dados para matar una gente preciosa y santa, sino darles a ellos un lugar de protección para prosperar y vivir en Su Palabra. El prefijo Hebreo *beit* pegado a "por los cuales" puede significar "por" o "en." Guardar los mandamientos no es salvación, sino santificación y protección de la vida humana. Si no estamos viviendo EN ellos, entonces hemos abusado el intento original de los mandamientos. Por esta razón, el Judaísmo reconoce los mandamientos para preservar la vida, Levítico 18:5, por encima de todos los otros.

6

YESHUA Y LOS APOSTOLES

Yeshua, sus discípulos y los apóstoles, todos practicaron las costumbres Judías del Primer Siglo. Hay muchos ejemplos en las Escrituras, por lo que algunas son presentadas para su reflexión.

Bar Mitzvah

En el Judaismo Moderno, un niño tiene su bar mitzvah a la edad de trece años. En el Primer Siglo, Yeshua se sienta en el Templo durante la semana de la Pascua con los maestros de la Torah "a la edad de doce años," ¿Así que no es un bar mitzvah, verdad? La *minjag* (costumbre local) en realidad varía:

> *En las comunidades de Siria, en realidad no hay una fecha establecida para un joven de ser llamado al Sefer Torah para una aliyah. Depende de la capacidad individual del joven. Muchos de los chicos Sirios son llamados a la Torah alrededor de los doce años y medio, de acuerdo con la halajah (Angel, 2000. P. 60)*

Las prácticas del Primer Siglo involucran mucho más que ser y hacer los mandamientos; muchos mandamientos eran cumplidos durante las tres fiestas anuales de peregrinaje al Templo en Jerusalén. En comparación, las prácticas modernas se han convertido más rituales, porque están basadas en el recuerdo de prácticas pasadas. Una forma más primitiva de bar mitzvah fue practicada por Yeshua. De hecho, a la edad de bar mitzvah en el Primer Siglo, el niño estaba supuesto a tener un mandamiento de las Escrituras como también un mandamiento de la Ley Oral Judía. El conocimiento de Yeshua de los dos, la ley escrita y oral fue suficiente para asombrar con los que se sentó.

¿Dónde está la Semilla de esta práctica? Está en la instrucción de enseñarle a nuestros hijos sobre la Pascua en Éxodo 13:8 como también en Deuteronomio 6:7 y 11:19, que ordena a los padres a enseñarles los mandamientos a sus hijos. La tradición de bar mitzvah es una forma de probar a los dos, padres e hijos de su crecimiento en la Semilla.

Cantando Hallel

Yeshua condujo a sus discípulos en el Hallel (Salmo 113-118) en la Pascua. ¿Dónde está esto escrito en la Torah? Solo se encuentra en la forma de Semilla. Fue la tradición Judía la que estableció que Salmos debían ser cantados durante el *Seder* (servicio) y cuando. De hecho, como 100 temas y puntos[90] de práctica pueden ser igualados en el *haggadah* Judío (el orden de la cena de Pascua) y el Nuevo Testamento!

Voto Nazareo

Pablo accedió a pagar por un voto Nazareo en Shavuot, la Fiesta de las Semanas. ¿Dónde está esto escrito en la Torah? está solamente en la forma de Semilla (y sentido común). La Semilla se encuentra

90. Esta tabla de codificación de los 100 temas y puntos de la tradicion del Nuevo Testamento con el haggadah moderno Judío lo puede encontrar en *Creation Gospel Workbook Six: Standing with Israel.*

en Números 6:

> *Esta es, pues, la ley del nazareo el*
> *día que se cumpliere el tiempo de*
> *su nazareato: Vendrá a la puerta del*
> *tabernáculo de reunión, y ofrecerá*
> *su ofrenda al Señor, un cordero de*
> *un año sin tacha en holocausto,*
> *y una cordera de un año sin*
> *defecto en expiación, y un carnero*
> *sin defecto por ofrenda de paz.*
> *Además un canastillo de tortas sin*
> *levadura, de flor de harina amasada*
> *con aceite, y hojaldres sin levadura*
> *untada con aceite, y su ofrenda*
> *y sus libaciones. Y el sacerdote lo*
> *ofrecerá delante del Señor, y hará*
> *su expiación y su holocausto; y*
> *ofrecerá el carnero en ofrenda de*
> *paz al Señor, con el canastillo de*
> *los panes sin levadura; ofrecerá*
> *asimismo el sacerdote su ofrenda y*
> *sus libaciones. Entonces el nazareo*
> *raerá a la puerta del tabernáculo*
> *de reunión su cabeza consagrada,*
> *y tomará los cabellos de su cabeza*
> *consagrada y los pondrá sobre*
> *el fuego que está debajo de la*
> *ofrenda de paz.* [91]

Pablo, sin embargo, no fue el que hizo el voto, pero en orden de asegurarle a sus hermanos Judíos que él no está en contra de la Torah, el acepta pagar el costo del sacrificio en nombre del que tomo el voto:

> *Cuando ellos lo oyeron, glorificaron*
> *a Dios, y le dijeron: Ya ves, hermano,*
> *cuántos millares de judíos hay que*
> *han creído; y todos son celosos por*
> *la ley. Pero se les ha informado en*
> *cuanto a ti, que enseñas a todos los*

91. Números
6:13-18

*judíos que están entre los gentiles
a apostatar de Moisés, diciéndoles
que no circunciden a sus hijos, ni
observen las costumbres.* ¿Qué
hay, pues? La multitud se reunirá de
cierto, porque oirán que has venido.
*Haz, pues, esto que te decimos:
Hay entre nosotros cuatro hombres
que tienen obligación de cumplir
voto. Tómalos contigo, purifícate
con ellos, y paga sus gastos para
que se rasuren la cabeza; y todos
comprenderán que no hay nada
de lo que se les informó acerca
de ti, sino que tú también andas
ordenadamente, guardando la ley.*
[92]

Aceptar pagar el costo, es como usar el dicho Americano "poner el dinero donde tu boca esta." A pesar que las instrucciones de Pablo a los Gentiles no eran contrarias a las instrucciones del Concilio de Jerusalén en Hechos 15, circulaban rumores que sí. Pablo y el liderazgo Judío de creyentes querían aclarar este rumor, porque ellos tenían una gran razón para celebrar: ¡Miles de Judíos celosos por la Torah habían creído!

El mal entendido actual sobre la circuncisión y otros tópicos están mencionados en el booklet titulado *Pharisees: Friends of Foes?*, ya que el debate concerniente de como un nuevo converso debía ser iniciado en la fe es bien antiguo dentro del Judaísmo. Aunque los Judíos creyentes estaban dispuesto a discutir los detalles de *cómo* enseñarles a los Gentiles la Torah, enseñarles a rechazarla totalmente seria anatema, y el liderazgo le señala a Pablo que el Concilio había puesto en vigor un punto de partida común en la Torah a los nuevos conversos:

92, Hechos 21:20-24

> *Pero en cuanto a los gentiles que han creído, nosotros les hemos escrito determinando que no guarden nada de esto; solamente que se abstengan de lo sacrificado a los ídolos, de sangre, de ahogado y de fornicación.* [93]

El Concilio ni siquiera impuso los Diez Grandes mandamientos, sino algunos básicos para invitar a los nuevos Gentiles a la mesa de la comunidad[94] para que ellos gradualmente pudieran aprender y dejar sus hábitos paganos y creencias. Pablo encausa este plan:

> *Entonces Pablo tomó consigo a aquellos hombres, y al día siguiente, habiéndose purificado con ellos, entró en el templo, para anunciar el cumplimiento de los días de la purificación, cuando había de presentarse la ofrenda por cada uno de ellos.* [95]

La Ceremonia en Sukkot-Libación de Agua y El Nombre de los Meses

Los Escritos y los Profetas mencionan nombres "Babilónicos" de los meses, además del uso casi exclusivo de los meses de la Torah numerados. Los Escritos y los Profetas usan nombres no números ordinales como Kislev, Ziv, Bul, Tishrei, Etanim, Nissan, Adar, Tevet, etc. Estos nombres de los meses no están en la Torah, pero ellos son conexiones de lenguaje de sentido común. Babilonia tiene una connotación negativa, pero fue también un lugar de refugio para los Judíos por más de una vez en su historia. Los lenguajes Semíticos antiguos fueron, y aun son, muy similares.

El mes Hebreo de Nissan se parece mucho a la

93. Hechos 21:25

94. Para una discusión completa de la visión de Pedro y de la mesa de la comunidad entre Judío y Gentil, vea el booklet del Dr. Robin Gould: Peter's Vision: Beacon or Bacon?

95. Hechos 21:26

palabra Hebrea *nis* (#5211), de *nus* (#5127) que significa escapar, huir o salvar. El Primer Mes del año Hebreo es el mes de la Pascua cuando los Israelitas salieron de Egipto y fueron salvos. Este también es el "mes verde," Aviv. Si la Torah planta una Semilla de tener el nombre de un mes concreto asociado con este tema, el verdeado de la agricultura y primeros frutos, entonces esto puede explicar el uso tardío de los nombres de los meses además de los números.

El Octavo Mes vino a ser llamado *Bul*, que significa producto, crecimiento; su raíz viene de *yaval* (corriente de agua, fluido, llevar). Lo que sucede en el Octavo Mes es el crecimiento del *Yovel* (Jubileo), el cual es celebrado en el Séptimo Mes juntamente con la Fiesta de las Trompetas, el Día del Expiación, y Tabernáculos. El Séptimo Mes, cuando las lluvias empiezan en Israel, es conocido con el nombre de *Tishrei* o *Etanim*. Etanim es una corriente de agua perpetua, por lo que tiene sentido que el Octavo Mes de Bul es la continuación del fluido que fluye a través del Séptimo Mes de Etanim/Tishrei.

Una conexión muy bonita es hecha en la dedicación del Primer Templo en el Septimo Mes, que es llamado Etanim, en 1 Reyes 8 en la Fiesta de Sukkot. Etanim, una "corriente de agua perpetua," contiene el secreto de la declaración del Mesías durante la Fiesta de los Tabernáculos en el Segundo Templo:

> *En el último y gran día de la fiesta, Jesús se puso en pie y alzó la voz, diciendo: Si alguno tiene sed, venga a mí y beba. El que cree en mí, como dice la Escritura, de su interior correrán ríos de agua viva.*
> [96]

La Fiesta, especialmente la libación de agua tradicional en la fiesta de los Tabernáculos, es una perfecta tradición que es una sombra del trabajo

96. Juan 7:37-38

del Mesías, el Rio de Vida que trae restauración de la Torah Espiritual que hace crecer muchos buenos frutos.

7

POR FAVOR, ¡SOLO HAZLO SIMPLE!

A pesar de que debería ser simple distinguir la verdad de la Palabra de una tradición o cizaña (mala tradición), a veces no lo es. Es menos difícil distinguir una tradición de una cizaña, ya que esta puede empezar con "escrito esta..." En el caso de una tradición, debería ser preciso decir, "Escrito esta, por lo tanto..." Esto significa que es mi expresión de mi obediencia a la Palabra escrita, ya que la palabra no define de como exactamente yo debería hacerlo. Por cuanto la cizaña se disfraza como una buena tradición, podría presentarse como que creció de la Semilla de la Palabra, y usualmente tendrá un componente espiritual.

Ninguna fuente puede mantener una lista de tradiciones y cizañas (malas tradiciones), pero algunos ejemplos pueden ayudar al creyente que quiere enderezar su camino personal de crecimiento en la Palabra.

El Becerro de Oro

En Éxodo 32 encontramos un excelente ejemplo de una cizaña (mala tradición). Israel acababa de tener un encuentro estimulante, delirante con el

Dios de sus ancestros. Era aterrador como también esotérico, y Moisés había ascendido a la montaña para recibir el resto del mensaje por que los Israelitas pensaron que si seguían escuchando ellos morirían.

Pasan los días y no se sabe nada de Moisés, y el no regresa a explicar el camino a seguir, muchos desesperado empiezan a quejarse. Ellos necesitaban un objeto tangible para adorar, no este pavoroso YHVH,[97] y su mensajero desaparecido Moisés.

97. El Nombre Hebreo de Dios comúnmente pronunciado Jehová en las traducciones de las Biblias en Español, pero muchas veces traducido como Señor en el Antiguo Testamento.

El Sumo Sacerdote Aarón cede a las demandas de quienes se niegan a superar su impaciencia por el regreso de Moisés. Aarón toma el oro de ellos, lo derrite, y hace un becerro de oro. En Éxodo 32:4, Aarón declara: "Este es tu dios oh Israel, que te saco de la tierra de Egipto." Aarón luego establece una fiesta para honrar al dios substituto. "Una fiesta para HaShem[98] mañana!" (Arstcroll Tanak).

El pecado del becerro de oro fue tan grave que cuando Moisés regreso, Dios golpeo a Israel con una plaga. Es más, tres mil hombres fueron tan rebeldes que no se arrepintieron, y los parientes de Moisés, los Levitas, los mataron con espadas.

98. La sustitución Judía YHVH, significa "El Nombre." Por no escribirlo o pronunciarlo casualmente, previene que el Nombre Sagrado sea usado casualmente, usado en maldición, o vanos juramentos, que traerían juicio sobre el mundo. Cuando Aarón uso el Nombre Sagrado en asociación con un dios extraño, cayo juicio con espada y plaga.

99. Éxodo 20:2-5

Esta historia Semilla es un patrón para ayudar a los creyentes de distinguir una verdad de una tradición o cizaña. Primero que nada, no hay una Semilla de verdad a la práctica de formar un objeto físico de madera, piedra o metal para adorar. El Primer Mandamiento es:

> Yo soy el Señor tu Dios, que te saqué de la tierra de Egipto, de la casa de servidumbre. No tendrás otros dioses delante de mí. *No te harás ídolo, ni semejanza alguna de lo que está arriba en el cielo, ni abajo en la tierra, ni en las aguas debajo de la tierra. No los adorarás ni los servirás…* [99]

La prueba de la verdad se detiene aquí, porque no hay una Semilla de Verdad de donde haya podido crecer esta práctica. ¿Cómo es que los Israelitas torcieron su pensamiento en creer que esto era no solamente una verdad, sino una valida tradición? Y es que una cizaña (mala tradición) PARECE una verdad espiritual; extiende sus raíces en la raíz del trigo.[100] A los Israelitas les acababan de dar el Shabbat y días específicos de fiestas a celebrar (Éxodo 20 y 23); estas eran fiestas verdaderas y auténticas, no fiestas mezcladas con prácticas o creencias Egipcias.

Aarón hizo que el becerro *pareciera* ser el Dios que acababa de sacar a los Israelitas de Egipto, pero no lo era! Era solamente un dios. Solo porque Aarón asocio una santa salvación y rescate con otro dios, nunca podría ser el becerro de oro el Dios (Elohim) de Abraham, Isaac y Jacob. Aunque los Israelitas querían adorar, Aarón no podía inventar una fiesta para ellos fusionándola con un dios extraño, tampoco podía hacer el que a Elohim le guste. Una cizaña (mala tradición) es una violación de la Semilla de un mandamiento.

Si nosotros aplicamos la fórmula para detectar verdad, tradición, o cizaña (mala tradición), entonces fiestas asociadas con otros dioses no pasaran la "prueba de olor" (vea Apéndice C). No es verdad, por lo tanto ninguna tradición crecida de allí no puede ser nada más que una cizaña (mala tradición), a pesar que se parezca a la verdad o tenga incorporada principios de la verdad. Corroe el entendimiento de la verdad en la mente y corazón del creyente, y es inservible a pesar de que haya crecido de una tierra buena y sincera. Que desperdicio de buenas intenciones!

La reflexión más importante de las instrucciones en los Profetas, Yeshua y los apóstoles son que la misericordia, justicia y fidelidad son los asuntos más importantes de cualquier costumbre religiosa.

100, La entrega de la Torah en el Sinaí coincide con la ofrenda de las Primicias del Trigo en la Fiesta de las Semanas, la Fiesta Central de las siete fiestas ordenadas.

El becerro de oro no cumple con los criterios o fidelidad.

¿Bastante simple?

Halloween

¿Qué tal una fiesta moderna? Después de todo, pocos creyentes en el día de hoy se inclinarían a un becerro de oro. Cierto es que, el toro en Wall Street se ha convertido en un icono de fe en el dólar Americano, y el amor al dinero es la raíz de todo lo malo, pero quizás el becerro es simbólico de la elección que cada creyente tiene que hacer con respecto al mandato de Pablo:

101. Colosenses 3:5-6

102. Tal vez podamos debatir la cizaña, pero "honrar a los santos" fue lo que uso la iglesia para transigir. La iglesia permitió la mezcla de adoración pagana con lo Cristiano para así atraer a más conversos. A los conversos se les invito a añadir a Jesús como uno de sus dioses, y se les permitió mantener sus dioses antiguos simplemente cambiándole los nombres, ahora serían los santos de la iglesia. Lo que usaba ser detestable, fue usado para los mártires, por lo tanto aceptado. (Mac Mullen, 1997, p. 115-116)

> *Por tanto, considerad los miembros de vuestro cuerpo terrenal como muertos a la fornicación, la impureza, las pasiones, los malos deseos y **la avaricia, que es idolatría**. Pues la ira de Dios vendrá sobre los hijos de desobediencia por causa de estas cosas...* [101]

El toro de Wall Street, sin embargo, no está asociado a Dios o comportamiento espiritual; es estrictamente secular sin importar cuanta pasión se invierte en crear el dinero. Nunca debe de ser confundido con la mente racional de la adoración de un Judío o Cristiano. Un buen ejemplo es algo que no es el toro de Wall Street, sin embargo su valor comercial solo puede ser superado cuando haya excedido su valor de uso de verdadera tradición y adoración. No toro.

La celebración de Halloween es una fiesta que no se encuentra en la Escrituras. La investigación histórica desentierra una tradición Cristiana, [102] pero ninguna fiesta crecida en contradicción de la Semilla del mandamiento puede ser añadida por un creyente en Yeshua. Un discípulo de Yeshua que celebra Halloween inconscientemente trasgrede la Semilla de la Palabra:

- *No dejarás con vida a la hechicera (Ex 22:18).*
- *No sea hallado en ti nadie que haga pasar a su hijo o a su hija por el fuego, ni quien practique adivinación, ni hechicería, o sea agorero, o hechicero, o encantador, o médium, o espiritista, ni quien consulte a los muertos (Deut 18:10-11).*
- *Después volveréis y quedaréis limpios para con el Señor y para con Israel (Num 32:22).*

¿Acaso el Dios de Israel odia a los niños y quiere engañarlos con una fiesta anual de azúcar y fiesta de disfraces? ¿No es todo inofensivo? No hay palabras vanas en las Escrituras, y el contexto le asegura al lector que el Santo de Israel *no* quiere que los niños sufran. Nuestro padre nunca quiso la vida de un niño en sacrificio, ni siquiera paso por su mente.[104]

Mientras que el lector puede centrarse en el imperativo sonido severo de dejar vivir a una bruja dentro de Israel, el Dios Santo de Israel da la razón exacta porque es peligroso dejar que brujas y hechiceros practiquen su oficio. El Padre Celestial pone a un padre que hace pasar su niño o niña por el fuego en una práctica pagana al mismo nivel que brujas y hechiceros. Horrible!

El contexto nos da una pista adicional asociada a esta profecía:

> *Porque cualquiera que hace estas cosas es abominable al Señor; y por causa de estas abominaciones el Señor tu Dios expulsará a esas naciones de delante de ti. Serás intachable delante del Señor tu Dios. Porque esas naciones que*

103. En un capitulo anterior Pablo cita un entendimiento rabínico de Números 32:22 en 1 Tesalonicenses 5:22-23 cuando él escribió: "Absteneos de toda forma de mal. Y que el mismo Dios de paz os santifique por completo; y que todo vuestro ser, espíritu, alma y cuerpo, sea preservado irreprensible para la venida de nuestro Señor Jesucristo."

104. Jeremías 19:5

vas a desalojar **escuchan a los que practican hechicería** *y a los adivinos, pero a ti el Señor tu Dios no te lo ha permitido.*

"Pero espera," decimos. ¡Yo de verdad no creo en brujas, horóscopos, y números mágicos! Yo no los escucho a ellos como los paganos lo hacen. No hay problema en ello si yo no creo en eso o adoro a Dios así, ¿O sí? Continuemos leyendo el contexto de Deuteronomio 18:12-15 para la respuesta profética y verdadera:

> *Un profeta de en medio de ti, de tus hermanos, como yo, te levantará el Señor tu Dios; **a él oiréis.***

La razón para eliminar brujos y brujas de la comunidad de creyentes es porque desvía la atención de las palabras de un profeta como Moisés, que nosotros sabemos es Yeshua el Mesías. No hay nada en las palabra de Yeshua que necesite la ayuda de un adivino! No hay nada en el caminar de un creyente con Yeshua que necesite vestirse como una bruja o dar caramelos para poder tener diversión. No hay ninguna profecía de Yeshua que necesite la ayuda de adivinos, hechiceros, o golpear maderas.

Si un adversario quisiera "vender" un becerro de oro, doctrinas o brujería a los discípulos de Yeshua con el fin de desaparecer el mensaje del Evangelio, como lo haría? Encuentra el talón o una debilidad y siembra una semilla cerca a la buena Semilla. La entrelaza con una tradición Cristiana y la hace divertida. Endulza la manera en que los niños ven a las brujas y hechiceros por lo que remueve la enseñanza del Espíritu Santo que tales cosas son cizañas peligrosas en el campo de la vida. Por cuanto creer y tener fe son equivalentes, practicar rituales de Halloween es un acto de creencia, porque está actuando sobre lo que uno piensa.

Si los discípulos de Yeshua no combinan la Semilla Prometida de la Palabra con fidelidad, entonces no les será beneficioso, y permitirá que una transacción comercial tenga lugar en sus corazones hasta que eventualmente sus creencias les parezcan una diversión poco inofensivas. Entonces ellos actúan sobre esa creencia e ignoraran la Palabra de Verdad:

Porque también a nosotros se nos ha anunciado la buena nueva como a ellos; pero no les aprovechó el oír la palabra, por no ir acompañada de fe en los que la oyeron. Pero los que hemos creído entramos en el reposo, de la manera que dijo: Por tanto, juré en mi ira, No entrarán en mi reposo; aunque las obras suyas estaban acabadas desde la fundación del mundo. Porque en cierto lugar dijo así del séptimo día: Y reposó Dios de todas sus obras en el séptimo día. Y otra vez aquí: No entrarán en mi reposo. Por lo tanto, puesto que falta que algunos entren en él, y aquellos a quienes primero se les anunció la buena nueva no entraron por causa de desobediencia. [105]

El contexto se refiere a los Israelitas en el desierto. El becerro de oro es celebrado en una fiesta añadida a pesar del mandamiento claro que se les dio a los Israelitas en Éxodo 20 y 23. Moisés sube y desaparece de sus vistas, y los Israelitas rápidamente crean y creen en una nueva fiesta en vez de prepararse y aprender sobre las dos clases de fiestas que se les ordeno: El Shabbat semanal y las Siete fiestas, la Pascua, Panes sin Levadura, Primicias de la Cebada, Fiesta de las Semanas, Fiesta de las Trompetas, Fiesta de la Expiación, y Tabernáculos. Si uno actúa

105. Hebreos 4:2-6

de acuerdo a la cizaña, entonces uno a escuchado y obedecido la concebida mala semilla palabra, no la Semilla de la Palabra.

De acuerdo al escritor de Hebreos, los antiguos Israelitas no mezclaron la Semilla de la Palabra con fidelidad, por tanto ellos no podrían entrar en el descanso semanal y las fiestas anuales. Ellos fueron condenados a morir en el desierto con su Evangelio corroído, por cuanto ellos no pudieron ver las importantes profecías sobre el Mesías en las Fiestas. Ellos no creyeron que Yeshua era central en el Shabbat dado por Dios y las santas asambleas. Ellos permitieron fiestas paganas egipcias de adoración, sembrando cizaña, corroyendo así su fidelidad. A pesar que los Israelitas en el desierto fueron libertados de la esclavitud, la mayoría rehusaron santificarse en la Palabra permaneciendo fiel a ella.

A pesar que un discípulo de Yeshua tal vez no crea en hechicería y escobas mágicas, ¡Practicar cosas relacionadas a ellas, es fidelidad en el poder espiritual que dice no creer! Halloween no cumple con los criterios de Yeshua de la fidelidad. No hay descanso del Mesías en una fiesta de Halloween, por cuanto el creyente "ha entrado" a la fiesta equivocada. ¡Ay!

El cuerpo del Mesías necesita aplicar la prueba de Yeshua en cada Shabbat y Fiestas para poder ser las luces y lámparas de profecías, porque El regresara en una nube y dará la bienvenida a los suyos a unirse a él con Moisés. Así es como "escuchamos" a un profeta como Moisés, el que desapareció en las nubes de la Presencia del Padre, pero a pesar de ello reaparecerá en el tiempo señalado. Solo requiere un poquito de investigación para localizar la Semilla y raíces de cualquier fiesta tradicional y Shabbat. ¿Tradición o Cizaña (mala tradición)?

Fiestas Tradicionales

Los ejemplos en este capítulo son cizañas fáciles de identificar para hacerlas, pero un mandamiento claro sobre ellas no es fácil de encontrar. Cuando una tradición trasgrede un mandamiento claro, entonces es cizaña. Aunque la tradición sea difícil de investigar. Por ejemplo, ¿Qué pasa con la fiesta bíblica de Purim en el Libro de Ester, Janukkah, o los ayunos adicionales mencionados en los Profetas?

Los Ocho días de celebración de Janukkah que empieza el 25 de Kislev es un ejemplo que requiere un poco de investigación, pero brevemente, el patrón Semilla es fácil de encontrar en la Torah en la Segunda Pascua para aquellos que no pudieron celebrarla en la fecha señalada, y Levíticos 23 intencionalmente te da dos conjuntos de instrucciones para la celebración de Sukkot, una con siete días de celebración y otra con ocho días.

Más tarde, dos reyes de Israel guardaron celebraciones de doble fiesta, una doble Pascua[106] y un doble Sukkot. El Profeta Hageo profetizo de un evento que empezaría en el Noveno Mes (24 de Kislev), pero se basa en algo que paso antes, cuando se colocaron los cimientos del Templo:

> *Pero considerad bien esto desde hoy en adelante, <u>desde el día veinticuatro del mes noveno; desde el día en que se pusieron los cimientos del templo del Señor:</u> Meditad, pues, en vuestro corazón. ¿No está aún la simiente en el granero? Ni la vid, ni la higuera, ni el granado, ni el árbol de olivo han florecido todavía; <u>mas desde este día</u> os bendeciré.*[107]

Cuando el Rey Salomón celebro la inauguración

106. 2 Crónicas 30

107. Hageo 2:18-19

del Santuario del Primer Templo, el declaro un fiesta doble de Sukkot.[108] El Profeta Hageo planta pistas que demuestran el vínculo entre la Semilla de la Torah y la (futura) celebración de Janukkah haciendo una pregunta a los sacerdotes, concerniente a lo que es "limpio" o "inmundo":

> *Y dijo Hageo: Si un inmundo a causa de cuerpo muerto tocare alguna cosa de estas, ¿será inmunda? Y respondieron los sacerdotes, y dijeron: Inmunda será.* [109]

Si un hombre se vuelve inmundo por causa de un cuerpo, entonces esta era el criterio de la Semilla para establecer una segunda celebración de Pascua en Números 9:9-10.

Históricamente, Janukkah fue una celebración tardía de ocho días de Sukkot porque el Santuario, el Templo, no había sido limpiado de cosas inmundas después de la guerra con los Griegos. A este segundo Sukkot se le conoció como la Fiesta de la Dedicación, y la celebración continuo cada año como una fiesta menor. A pesar de que la celebración era relativamente menor (Juan 10:22), ha adquirido más importancia en algunas familias Judías del día de hoy porque ellos sienten que necesitan proveer algo con que competir con la Navidad. Puede ser muy desafiante educar a los hijos en medio de estas fiesta tan atractivas que se originaron de una cizaña.

La respuesta simple es que estas fiestas deben pasar la regla concerniente a la Semilla, la cizaña y la tradición crecida de la Semilla. Aquí hay algunas grandes preguntas para hacerse:

108. 1 Reyes 8:65-66

109. Hageo 2:13

- ¿Hay alguna Semilla de la Palabra de la Torah que permite conmemorar una celebración de una gran liberación?

- ¿La celebración de este día trasgrede directamente "tu harás…" o "no harás…"?
- ¿La celebración esta entrelazada a una Semilla de la Palabra, pero su origen definitivamente se puede encontrar con prácticas paganas?
- ¿Aquellos que celebran este día entienden que nunca podrán reemplazar los moedim ordenados por Adonai?
- ¿Aquellos que celebran este día entienden que no son tan importantes o de peso como los moedim ordenados?
- ¿Esa celebración le quita la gloria del Santo de Israel y la desvía a una persona o un grupo de personas?
- ¿La celebración se convierte en un punto de competencia o comparación con la santidad personal?
- ¿Hay algunas Escrituras que lo confirmen entre el Libro de Josué y Apocalipsis?

Tú puedes crear tus propias preguntas para llegar a la raíz de la celebración o hacer una prueba de la tierra.

8

ARRANCA LA CIZAÑA Y DA FRUTOS

Tradición, ceremonia, ritual y costumbres son simplemente medios de interpretación de la Semilla de la Palabra para el mundo observable. Particularmente, une al Cuerpo del Mesías y crea un sentido de "nosotros," a diferencia de "yo;" retando las doctrinas personales de creer que estas correcto. Con el poder del Espíritu Santo, no hay lugar para la arrogancia al obedecer la Palabra. En el mismo capítulo donde Pablo escribe *paradosis* a los Corintios, él les asegura a sus lectores que el examinarse a uno mismo requiere una evaluación del corazón, tanto en los mandamientos de Yeshua en la obediencia a la Palabra y su uso en la comunidad de fe, porque Pablo dice que fallar en dar luz al Cuerpo en las fiestas enferma a las personas.

Yeshua dejo instrucciones fáciles para crecer en la Palabra. Primero, la acción demuestra fidelidad a la Palabra escrita, es una acción o inacción basada en algo que es muy claro, "Escrito esta...." o "No harás...." Si una diligente investigación de la Palabra no muestra la Semilla, entonces probablemente es una cizaña para ser arrancada, especialmente si es usada para evitar el mandamiento original. Segundo, la persona debería conocer la diferencia entre la Semilla y la práctica que reproduce la Semilla en el mundo físico; distinguir la Semilla de las costumbres le debe recordar al creyente que la práctica no es tan importante como la Palabra misma.

El estándar de justicia y misericordia demuestra la esencia de la Torah, la cual es amar a tu prójimo. [110] Justicia o Tzedakah, no es solamente equidad, sino el catalizador de iluminar la faz de los creyentes hacia la Luz de la Lámpara, Yeshua. La Torah es Luz y el mandamiento es una Lámpara, por lo que cualquier observancia del mandamiento debe dar la Luz del Creador a otros.

¿Sienten otros el favor de Adonai cuando yo guardo un mandamiento? Si mi observancia es un camino para que el Espíritu Santo condene a alguien de trasgresión, entonces eso está fuera de mis manos, pero si yo soy diligente de trasmitir mi gozo por la obediencia, entonces a pesar de la condenación, la Luz de la verdad puede volverse a favor. Es algo muy bueno machacar a un compañero al servicio de Yeshua con los mandamientos.

La razón de darle la Torah a Israel era para que las naciones reconocieran la sabiduría brillante y el entendimiento del Dios de Israel. Justicia es pesar y hacer lo que éticamente es correcto con sus escalas para que el pobre o débil físicamente o espiritualmente pueda ser traído a equilibrio con aquellos que tienen más. Esas mismas escalas indicaran cuando una tradición empieza a pesar más que la verdad. Esta definición critica de tzedakah como justicia nos conduce al texto de fundamento en Salmo 97:11:

Luz se ha sembrado como semilla
para el justo, y alegría para los
rectos de corazón.

110. Levítico
19:18

108

El justo en el texto es *tzaddik*, un sustantivo formado de la misma raíz de tzedakah o justicia. La persona justa es la que hace lo correcto: él o ella da la Luz de la Palabra a otros amándolos con los mandamientos. De acuerdo al texto, cuando el justo[111] siembra Luz para que la luz crezca, el resultado es alegría. La advertencia es de que tal Luz resonara con el "recto de corazón," no necesariamente con aquellos que aman la oscuridad.

Por la misericordia inherente en los mandamientos, personas con corazones rectos de todas las naciones experimentan la misericordia de Adonai, y ellos entienden la confirmación de Yeshua que ellos no son gravosos,[112] sino un yugo fácil. Por esta razón, observan los mandamientos o tradiciones a fin de que traiga atención al individuo es una trasgresión de la esencia y propósito de las enseñanzas e instrucciones de Dios.

Costumbres, tradiciones, y prácticas no son lo que dan vida al observante; es la Semilla de la Palabra la que da el crecimiento:

> *Habréis de cumplir mis leyes y guardaréis mis estatutos para vivir según ellos; yo soy el SEÑOR vuestro Dios. Por tanto, guardaréis mis estatutos y mis leyes,* **por los cuales** *el hombre vivirá si los cumple; yo soy el Señor.*[113]

El proceso de santificación y crecimiento de la Semilla debe ocurrir una vez que la persona viene a la fe en el Dios de Abraham, Isaac y Jacob, el Santo de Israel. Yeshua y sus apóstoles urgen este crecimiento en la vida del creyente, enfatizando el peso de "Escrito esta..." no "yo siento..." La costumbre y la tradición ayudan al discípulo de Yeshua a vivir la Palabra que da vida en una forma práctica. Ofrece una sensación de comunidad y

111. En el Nuevo Testamento generalmente la palabra tzaddik es traducida como "santo."

112. Mateo 11:29-30

113. Levítico 18:4-5

claridad a una vida progresiva de santificación.

Guardar los mandamientos es para crecimiento no para salvación, y obediencia a los mandamientos es la justicia de Yeshua, no del individuo.

Es la vestidura justa de obediencia del Mesías que uno adquiere y usa para cubrir la desnudez. [114] Los creyentes viven en las vestiduras de los mandamientos de Yeshua, pero ellos no son los que los han fabricado. Nosotros los adquirimos con fidelidad al vivir como él lo hizo. Apocalipsis 3:18 nos insta:

> *Te aconsejo que de mí compres oro*
> *refinado por fuego para que*
> *te hagas rico, y vestiduras*
> *blancas para que te vistas y no*
> *se manifieste la vergüenza de tu*
> *desnudez, y colirio para ungir tus ojos*
> *para que puedas ver.*

A pesar de que Juan escribe en Griego, la palabra Hebrea *liknot*, comprar, tiene doble significado, también "adquirir," no solo pagar con dinero. En la tradición Judía, los mandamientos se convierten en las vestiduras espirituales para la próxima vida, y sin ellas, uno experimenta juicio y vergüenza. Las trasgresiones son manchas que tienen que ser "blanqueadas" de esas ropas a través del arrepentimiento y la confesión.

Adonai le asegura a Su pueblo que a pesar que sus pecados sean como escarlata El las hará blancas como la nieve; Adonai aceptara su arrepentimiento y perdonara sus trasgresiones. La Ley Judía considera a la nieva como un agente de limpieza primario (*hamlaben*) juntamente con el agua (Appeal, p. 153). Si una tradición o costumbre ayuda al discípulo de Yeshua a mantenerse vestido en los mandamientos de Yeshua y crea conciencia de las

114. Apocalipsis 3:17

trasgresiones, entonces con toda razón, quédate vestido! Esto honra la sangre derramada del Mesías y previene la vergüenza de la desnudez.

En algunos casos, la ley Judía fue puesta en marcha para preservar la vida del discípulo. Por cuanto algunos mandamientos llevan a la pena de muerte o castigo severo, la meta era de preservar la vida poniéndole una cerca de una costumbre para hacer más difícil que el individuo quebrante el mandamiento que requería pérdida de vida. Los mandamientos fueron diseñados para dar vida, no muerte, y el corazón de los sabios Judíos era preservar la vida con estos cercos, no para que confundieran los cercos con el mandamiento mismo.

Por otro lado, puede haber muchos cercos puestos que la persona comienza a "morir" en ellos, o confunde la costumbre con el mandamiento mismo.[115] Los cercos se pueden convertir tan pesados que aunque sea más difícil de quebrantar el mandamiento de la pena de muerte, también se hace difícil prosperar en la vida del mandamiento. La manera Judía de leer Levítico 18:4-5 es que la meta de la Torah es darle al fiel una forma de vivir en ella, entonces por su naturaleza, no debe quitar la vida.

De este razonamiento, discusiones y comentarios Judíos a menudo hacen referencia a un entendimiento común de que "el mandamiento para preservar la vida reemplaza a todos los demás" (Appeal, p. 88). Por ejemplo, si los Judíos Ortodoxos no manejan un carro en Shabbat por no "encender un fuego," sin embargo si alguien tiene una emergencia médica, la persona será llevada al hospital sin demora o se llamara a la ambulancia. ¿Por qué?

Yeshua aplica este principio en el ejemplo de David comiendo los panes de la Presencia cuando huía del rey Saúl. Aunque él no estaba permitido por la

115. La ley Judía claramente hace una distinción entre la ley de la Torah y la ley rabínica, y es muy definida al recomendar al Judío quebrantar una ley rabínica en vez de una ley de la Torah si una tiene que ser quebrantada (Appeal, 2016 p. 99-100). Sin embargo, esto no es motivo para que el individuo confunda una con la otra, por la falta de interés en distinguir la diferencia. Similarmente, no impide que el individuo enfatice la ley rabínica con el fin de llamar la atención a su propia religiosidad.

Torah de comer de las cosas sagradas, su hambre y la falta de recursos exigía que se le diera vida en el Tabernáculo; por lo tanto, a David se le dio el pan de la Presencia. Esto no niega la intención de la Torah de mantener el pan sagrado para los sacerdotes, pero el mandamiento no exigía la vida de David para preservarla. Esto es *kal v'jomer*, la prueba ligera y pesada.

Igualmente, el Judaísmo Moderno enfatiza que es mejor romper un mandamiento rabínico que un mandamiento real de la Torah. Aun así, la preservación de la vida es el Espíritu de la Torah, y si es necesario quebrantar un mandamiento a fin de vivir en la Palabra, entonces es permitido.

Los no-Judíos tienen mucha libertad para vivir en la Palabra, dando frutos del Espíritu en prácticas simples o aquellas definidas por el Judaísmo. No es necesario convertirse en Judío y tomar *todas* las tradiciones, porque Pablo fue muy claro en esto mientras que el mismo pasaba tradiciones Judías. Si cumple la prueba de la Semilla, y trae gozo y vida, entonces siéntete libre de guardar la Palabra a través de algunas tradiciones. Ya sea Judío o Gentil, despreciar, menospreciar o burlarse de aquellos que guardan más o menos tradiciones, no es la manera de hacer el camino recto para el regreso del Mesías.

Yeshua no quito la tradición, sino la cizaña (mala tradición), Yeshua no arranco y replanto las Semillas de verdad que crecen en buena tierra, sino en tierra rocosa y poco profunda. Las palabras de la Escritura son Árbol de Vida para aquellos que se toman de ella, y cuando las Semillas de la Palabra crecen en buena tierra, producen arboles sanos con buenos frutos.

Sea obedeciendo las instrucciones de la Semilla misma o encontrando una expresión de la Semilla a través de la tradicion, costumbre o práctica, el final será el mismo. Seremos lámparas vivas, amorosas que damos Luz al mundo:

> *En esto conocemos que amamos a los hijos de Dios, cuando amamos a Dios, y guardamos sus mandamientos. Pues este es el amor a Dios, que guardemos sus mandamientos; y sus mandamientos no son gravosos.* [116]

116. 1 Juan 5:2-3

9

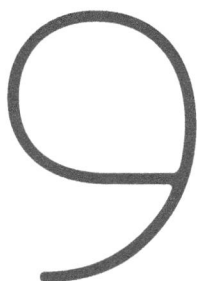

DIAGRAMA: ¿VERDAD, TRADICION, O CIZAÑA (MALA TRADICION)?

- Escoge una tradición. ¿Crece de la Semilla de la Torah? ¿Hace la tradición que la persona observe propiamente la Palabra (fidelidad), la Palabra de Verdad?
- Si la tradición es un claro quebrantamiento de la Semilla de la Palabra, entonces es una cizaña (mala tradición). Para, arráncala, y bótala. Si te ayuda, has una lista de los versos que prohíbe esa tradición.
- Si no hay un mandamiento claro en contra de alguna práctica, pero puedes encontrar la real Semilla de la Palabra, entonces has una investigación si hay una fuente que puede hacer referencia a la Semilla, al igual que la tradición Judía de Rosh HaShanah de este libro. Es posible que no hayas identificado la Semilla a través del estudio continuo. Guarda tu pregunta por un tiempo hasta que tengas tiempo de estudiar más.
- Si la tradición tiene su raíz en la Semilla de la Palabra, haz una lista de los versos Semillas.
- Chequeo del corazón. ¿La tradición llama la atención y admiración a propósito al individuo en vez de al Padre? Si es así,

empieza la reparación del corazón a través de arrepentimiento, arráncalo y replanta la Semilla en una tierra mejor: un corazón de carne de un siervo limpio.

- Chequeo del corazón. ¿Reemplaza la tradición la Semilla de la Palabra o le da a la tradición más importancia ("peso") que a la Semilla misma? Si es así, empieza la reparación del corazón a través de arrepentimiento, arráncalo y replanta la Semilla en una tierra mejor: un corazón de carne de un siervo limpio. Chequeo del corazón. ¿La tradición confirma el corazón de la Torah, misericordia, justicia y fidelidad? Si no, empieza la reparación del corazón a través de arrepentimiento, arráncalo y replanta la Semilla en una tierra mejor: un corazón de carne de un siervo limpio.
- Si la tradición pasa el Chequeo del Corazón, entonces sigue creciendo en la Palabra!

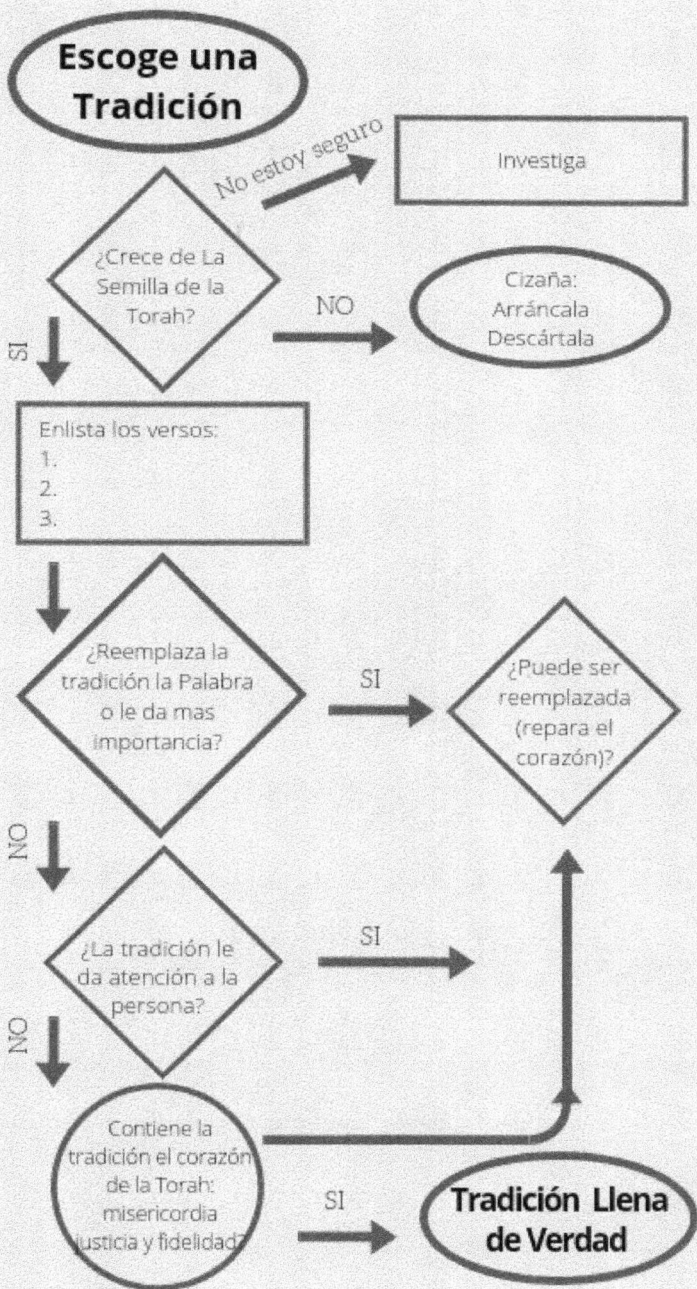

```
                    ┌─────────────────────┐
   ╭──────────╮     │     Investiga       │
   │ Escoge una│    └─────────────────────┘
   │ Tradición │         ▲
   ╰──────────╯   No estoy seguro
        │
        ▼
     ¿Crece de La
     Semilla de la        NO        Cizaña:
        Torah?        ───────▶      Arráncala
        │                           Descártala
     SI │
        ▼
  ┌──────────────────┐
  │ Enlista los versos:│
  │ 1.               │
  │ 2.               │
  │ 3.               │
  └──────────────────┘
        │
        ▼
     ¿Reemplaza la
     tradición la Palabra    SI      ¿Puede ser
     o le da mas        ───────▶     reemplazada
     importancia?                    (repara el
        │                            corazón)?
     NO │
        ▼
     ¿La tradición le     SI
     da atención a la  ───────▶
        persona?
        │
     NO │
        ▼
     Contiene la
     tradición el corazón
     de la Torah:        SI       Tradición Llena
     misericordia    ───────▶     de Verdad
     justicia y fidelidad
```

Escoge una Tradición

Investiga

No estoy seguro

¿Crece de La Semilla de la Torah?

NO → Cizaña: Arráncala Descártala

SI

Enlista los versos:
1.
2.
3.

¿Reemplaza la tradición la Palabra o le da mas importancia?

SI → ¿Puede ser reemplazada (repara el corazón)?

NO

¿La tradición le da atención a la persona?

SI →

NO

Contiene la tradición el corazón de la Torah: misericordia justicia y fidelidad

SI → **Tradición Llena de Verdad**

PARA REVISAR

1. ¿Qué tres cosas son el "corazón" de cualquier mandamiento? Defínelos.

2. Explica como una tradición puede crecer de la Semilla de la Palabra.

3. Explica cómo crece una cizaña.

4. Explica que sucede cuando una buena semilla crece en una tierra poco profunda y pedregosa.

5. Resumen la lección en la parábola de Yeshua del cobrador de impuestos.

6. Da algunos ejemplos de cómo Yeshua y Pablo

practicaron o fomentaron guardar las tradiciones Judías.

7. Enlista cuatro o cinco paralelos entre la tradición Judía de Rosh HaShanah y el mensaje a la Iglesia de Sardis.

8. ¿Has pensado alguna vez si al Concilio de Jerusalén en Hechos 15 alguna vez se les ocurrió que los no-Judíos adorarían separados de sus hermanos y hermanas Judíos? ¿Por qué si y porque no?

9. Explica que rol tiene la tradición en lo siguiente:

> Habréis de cumplir mis leyes y
> guardaréis mis estatutos para vivir
> según ellos; yo soy el Señor vuestro
> Dios. "Por tanto, guardaréis mis
> estatutos y mis leyes, por los cuales
> el hombre vivirá si los cumple; yo soy
> el Señor.

10. Escoge una fiesta que tú celebres e investiga su origen. Ahora aplica la prueba de Yeshua de la buena tierra. ¿Cuál es tu conclusión? Semilla de la

Palabra o Cizaña? ¿Buena o mala tierra?

APENDICE A

Los Siete Espiritus De Adonai

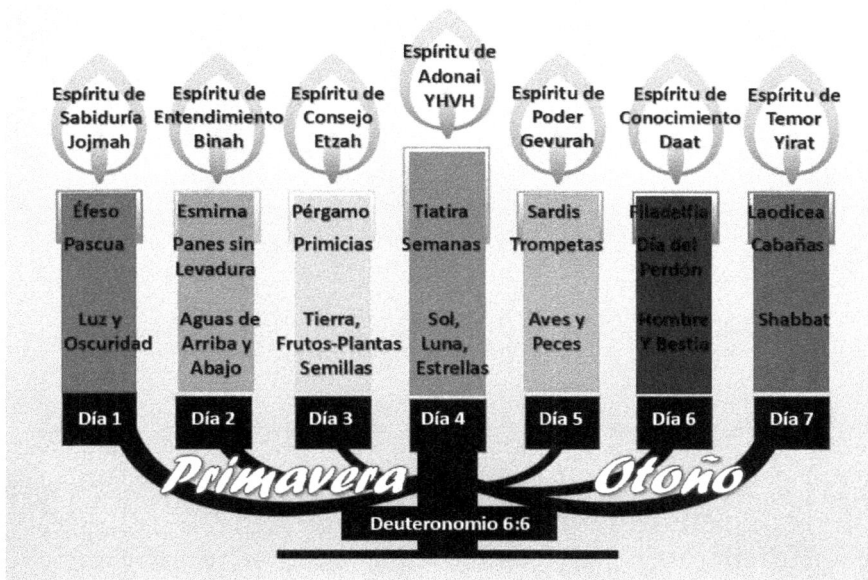

Espíritu de Sabiduría Jojmah	Espíritu de Entendimiento Binah	Espíritu de Consejo Etzah	Espíritu de Adonai YHVH	Espíritu de Poder Gevurah	Espíritu de Conocimiento Daat	Espíritu de Temor Yirat
Éfeso	Esmirna	Pérgamo	Tiatira	Sardis	Filadelfia	Laodicea
Pascua	Panes sin Levadura	Primicias	Semanas	Trompetas	Día del Perdón	Cabañas
Luz y Oscuridad	Aguas de Arriba y Abajo	Tierra, Frutos-Plantas Semillas	Sol, Luna, Estrellas	Aves y Peces	Hombre Y Bestia	Shabbat
Día 1	Día 2	Día 3	Día 4	Día 5	Día 6	Día 7

Primavera   *Otoño*

Deuteronomio 6:6

APENDICE B

Conversos Antes y Ahora

El Primer Siglo representa un tiempo de transición en el que muchos eventos de la vida o costumbres que eran prácticas informales o creencias comunes hasta la destrucción del Templo, fueron codificados en la Ley Judía; esto ocurrió con el fin de preservar la identidad Judía después de la destrucción del Templo. (Vea *Introduction to the Jewish Sources* by S. Creeger for a brief history). Por ejemplo, el seder de Pascua más formalizado practicado el día de hoy fue un tiempo intensivo y un proceso menos formal cuando el Templo estuvo de pie. El viaje real de peregrinaje era una gran misión importante, y el sacrificio del cordero y la cena ritual eran más palpables, porque la familia tenía que **hacer** la propia Pascua en lugar de simplemente **recordar** la Pascua.

Como el ejemplo del seder de Pascua, el proceso de la conversión formal que se experimenta el día de hoy por aquellos que hacen conversión al Judaísmo es diferente a los tiempos antiguos, como cuando un *goy* (gentil, una persona de cualquier otra nación que Israel) o *nakar* (extranjero) como Rahab o Rut se convirtieron simplemente haciendo una declaración de adhesión al pueblo de Israel y su Dios y viviendo de acuerdo a los mandamientos del pacto dados en el Sinaí. Para el hombre, era requerida la circuncisión, y en el Primer Siglo, tanto el hombre como la mujer tenían que sumergirse en un *mikveh* (piscina de inmersión) con la expectativa que al salir de las aguas, la persona era una nueva persona, un Judío.

Yeshua le menciono esta inmersión a Nicodemo, un miembro respetado del Sanedrín, no un converso al Judaísmo. Su implicación era que hasta un nativo nacido de Israel necesita ser renovado espiritualmente para guardar la Torah dada en el Sinaí, al igual que un Gentil converso necesita el mikveh que representa un nuevo nacimiento como un Judío comprometido con el pacto. La circuncisión de la carne debe armonizar con la circuncisión del Espíritu. Si bien el converso Gentil aceptaría la circuncisión como la ÚLTIMA señal del pacto, ser circuncidado del corazón es lo PRIMERO, el Judío circuncidado experimenta PRIMERO la circuncisión a los Ocho días de nacido, y al ÚLTIMO la circuncisión del corazón, algo conscientemente deseado y abrazado mientras que él o ella crecen en la fe.

Un converso en el Judaísmo Moderno es conocido como ger. Un ger es uno que no es nativo de Israel, pero que desea acercarse y aceptar el pacto sobre él. El Judaísmo Moderno considera a esa persona como un prosélito, pero un judío con verdadero derecho, cuando ha culminado el proceso de conversión. La Torah describe al ger como uno que desea guardar la Pascua, por lo tanto consiente la circuncisión para tomar toda la Torah y convertirse en parte de Israel.

> *Pero si un extranjero reside con vosotros y celebra la Pascua al Señor, que sea circuncidado todo varón de su casa, y entonces que se acerque para celebrarla, pues será como un nativo del país; pero ninguna persona incircuncisa comerá de ella. La misma ley se aplicará tanto al nativo como al extranjero que habite entre vosotros.*
> Éxodo 12:48-49

Los desacuerdos rabínicos del Primer Siglo sobre cuáles eran los requerimientos de un ger fueron probablemente los responsables de la controversia en torno a los conversos Gentiles hechos por los Apóstoles Judíos en el Primer Siglo, un tema que es tratado en el BEKY Book titulado, *Pharisees: Friends or Foes?* Probablemente el desacuerdo tenía que ver con Éxodo 12:48-49, a pesar de todo más textos Semilla intervinieron con la cuestión de la circuncisión par los hombres.

APENDICE C

Prueba de Olor

*Y brotará un retoño del tronco de Isaí, y un vástago de sus raíces dará fruto. Y reposará sobre El, el Espíritu del Señor, espíritu de sabiduría y de inteligencia, espíritu de consejo y de poder, espíritu de conocimiento y de temor del Señor. Y le hará **entender diligente** en el temor del Señor, y no juzgará por lo que vean sus ojos, ni sentenciará por lo que oigan sus oídos; sino que juzgará al pobre con justicia, y fallará con equidad por los afligidos de la tierra; herirá la tierra con la vara de su boca, y con el soplo de sus labios matará al impío.*

Cuando el texto dice que el Retoño hará entender diligente, en Hebreo implica un sentido de olor, *reyaj*, o una fragancia *riaj*, es una raíz que está relacionada a *ruaj*, o espíritu; de hecho, la enseñanza tradicional Judía dice que el Mesías juzgara por su sentido del OLOR. El será capaz de oler lo que no se puede ver o escuchar claramente, por lo que el juzgara con el don de intuición de la verdad. Adicionalmente el texto nos da un entendimiento de que no juzgar por lo que ven sus ojos, es no juzgar por las apariencias, y no sentenciara por lo que oyen sus oídos es no juzgar basado en rumores. En vez, este juez espera por los hechos y los pesa.

APENDICE D

Resumen De Las Siete Fiestas (Moedim) De Adonai

PASCUA	PANES SIN LEVADURA	PRIMICIAS DE LA CEBADA	SEMANAS
Pesaj	Jag HaMatzot	Bikkurim	Shavuot
Recuerda La salida de Egipto	Remoción de la levadura (pecado) de las casas diligentemente	Elevación de la primicia anual de la cebada Símbolo de la resurrección.	Primiciasdel Trigo Celebración de la Entrega de la Torah

TROMPETAS	EXPIACION	TABERNACULOS
Yom Teruah, Rosh Hashanah	Yom HaKippurim Rosh Hashanah	Sukkot, Enramadas, Fiesta de las Naciones
Recordatorio del Día del Juicio, como también día de	Día del Juicio, día de ayuno y expiación sacrificando dos cabras para cubrir y remover el pecado	Primicias de todos los productos, ganado y regocijo de la Torah

REFERENCIAS

Alt-Miller, Y. (2011). *Angels at the table: a practical guide to celebrating Shabbat*. New York: Continuum International Publishing Group.

Angel, M. (2000*). Exploring Sephardic customs and traditions*. Brooklyn, NY: Ktav Publishing House.

Appeal, G. (2016). *Concise Code of Jewish Law: A guide to the observance of Shabbat*. D. Goldstein, Ed. New York: Maggid.

Ben Avraham, D. (2012). *Bnei Avraham Ahuvecha: gerim in Chassidic thought*. Charleston: Createspace.

Ganor, O. (2016). *The Transformation:* Digital newsletter, Jerusalem: Ulpan Or, Email dated 9/29/16 2:04 pm.

MacMullen, R. (1977). *From Baghdad to Jerusalem*: E. Yerushalmi & D. Yerushalmi, Trans. Tel Aviv: Kotarot Publishing. Originally published as *The Journey of Abu-Moch*.

SOBRE LA AUTORA

La Dra. Hollisa Alewine tiene una Licenciatura en Ciencias y Maestría de la Universidad de Texas A&M y un Doctorado de la Escuela de Post Grado de Oxford. Ella es la autora de *Standing with Israel: A House of Prayer for All Nations* (De Pie con Israel: Casa de Oración para Todas las Naciones).

The Creation Gospel Bible study series (El Evangelio de la Creación, series de estudios Bíblicos) Y programadora de Hebraic Roots Network (Canal de Raíces Hebreas). La Dra. Alewine es una estudiante y maestra de la Palabra de Dios.

SOBRE LA
TRADUCTORA

La Morah (maestra) Mariela Perez-Rosas tiene una certificación de estudios Judaicos de la Universidad Hebrea de Jerusalén. Completo varios años de estudios con CSBR (Centro de Estudios de los Descubrimientos Bíblicos) en las áreas de estudios Cristianos-Judaicos de los Evangelios Sinópticos. También estudio liderazgo con VLI (La Viña Instituto de Liderazgo).

Actualmente es una de las maestras de Teshuva.tv un canal de raíces Hebreas y estudia con la Dra. Hollisa Alewine, traduciendo y haciendo videos del ministerio de la Dra. Allewine, The Creation Gospel (El Evangelio de la Creación). Ella es la directora del Ministerio Yeshua Shemi y trabajo cuatro años como Co-Laboradora de Judíos para Jesús en el estado de la Florida, US. La Sra. Perez-Rosas es una estudiante y maestra de la Palabra de Dios.